禱告，是一帖止痛藥

——精神科治療師的信仰療癒筆記

施以諾 著
精神科職能治療領域
主任級治療師、教授、知名作家

送給

人生有很多種「痛」是靠有形的藥物無法撫平的，
在歷史上，許多名人都有他們各自的痛與難題，
而禱告往往成了他們的選擇。
希望您喜歡這本《禱告，是一帖止痛藥—精神科治療師的信仰療癒筆記》

敬贈

目錄

各方好評（按收稿順序編輯）

自序

各方好評（按收稿順序編輯）

曾國生——GOOD TV 好消息電視台執行長

隨著科技發達、交通便利，現代人幾乎沒有到不了的地方，而往往最難跨越的是心裡的鴻溝、人際關係的藩籬。施以諾博士的文字就像一座橋樑，能將從神而來的真理和盼望帶到每一顆需要的心中。心態改變了，關係就會帶來恢復和突破！

施以諾博士不僅是知名作家，他的著作更榮獲文藝獎等多個獎項。此外，他也透過 GOOD TV 製播的《維他命施》節目安慰、鼓勵了非常多的觀眾。我相信本書同樣能祝福許多的讀者，透過禱告，當您面對人生中各樣的挑戰，都能迎刃而解，迎向更豐盛的人生。

施富金——貴格會華美堂主責牧師、前陽明大學護理學院院長

「禱告」與「止痛」的關聯是甚麼？受苦者有謙卑求助心似乎不足，仍須正確的先後次序：先遵行神的旨意，後求己需。施教授從精神職能治療醫學與聖經人物的疼痛經驗，整理二十一篇藥引，幫助我們認識疼痛療程也可轉化（transform）我們，帶來全人健康新生命。

潘璦琬——台灣大學醫學院職能治療學系副教授

施以諾教授的這本書，讀來欲罷不能，以現代的眼光詮釋聖經人物和名人的禱告。適合邊品茗邊閱讀，絕對能止痛、抗壓並增能。

王道仁——德生教會牧師、信義高雄基督教醫院家醫科醫師

作者在這本書分享禱告對各種痛的幫助，從他臨床實際的體驗出發，真的很寶貴。禱告真的是上帝給人最好的禮物之一，我看診或探訪病人的時候，也會在尊重病人意願的前提下為病人禱告，很多病人都有非常好的回應，也會經歷上帝奇妙的恩典和幫助。願這本書幫助我們善用禱告，減少痛並經歷上帝的愛。

陳鳳翔——信望愛聖經網站 CEO、聖經老師

並非只有青草地、溪水旁，死蔭幽谷也是上帝的義路！施以諾《禱告，是一帖止痛藥》帶給走過或正走在這段路上的朋友，進階版的止痛緩解「禱告」良藥，濡化於上帝同在微光。

柴子高——中華福音神學院高雄分校主任

施以諾博士有醫療專業，也有醫者心。他治療人的精神疾病，也關切人的心靈。以諾有基督愛，他邀請我們向上帝禱告，讓祂承載生命苦痛。以諾的文字有智慧又好讀。他說，謙卑是「縮小自己，放大上帝」，簡潔又有畫面。向您推薦施以諾的《禱告，是一帖止痛藥》這本好書。

洪善群——救世傳播協會．空中英語教室董事長

《禱告，是一帖止痛藥》這本書是施以諾博士從精神治療專業展開的實戰筆記，把聖經信仰具體化，每一則都在邁向療癒，走向全人關懷。

莊信德——播種國際事工台灣分會執行長

心，作為見證關係的房間，如何被關顧與保護？以諾以溫厚的洞察娓娓道來，邀請我們將門敞開，讓恩典之光撒進一室的幽暗！

林意玲——台灣醒報社長、新媒體宣教學院院長

「人窮極呼天，痛極呼父母。」人生是一連串的考驗與劇痛，如何止痛、療癒，與其祈求藥石，不如向創造的主求助。禱告，如何成為一帖止痛藥，且聽施博士娓娓道來。

譚國才——台灣浸信會神學院院長

這帖沒副作用的止痛藥，能強化所有治療的效果；助病痛治標，讓人生治本；有病醫病，無病強身心。來試試吧！

周美德——資深作家、廣播人

以諾博士的專業與學術成就早已有目共睹；他的作品不但充滿溫暖的人文關懷，對真理的精準理解與恰切闡釋更是難能可貴；他的正義感與俠義精神又似乎與生俱來，他為「有好的人品、才有好的作品」這句話作出了最好的詮釋。

自序
您需要的是禱告，還是一顆普拿疼？

當您覺得很「痛」時，您需要的是禱告，還是一顆普拿疼？當然，這得視您所正面臨的是哪一種痛，但我常跟人分享「醫療在疾病面前是渺小的」，即便是生理上、精神醫學上的痛，也有很多藥物力有未逮之處，遑論人生許多的「痛」不一定是醫學上的疾病所造成，而是性格上、思想上、人際上的病態所致，這些都是有形的止痛藥物所無法解決的人生難題。

曾經在醫學期刊《Academic Emergency Medicine》上讀過一篇論文〈*Why I Pray For My Patients*〉（為何我要為我的病人禱告），作者是南

伊利諾大學醫學院外科部急診醫學科的醫師，他在該篇文獻中說，他有時會為病人作簡短的禱告，並很謙卑地指出，為病人禱告不單是對病人有益，也可以讓醫者看到每個病人都是獨特的個體、有獨特的價值，甚至可以避免醫療人員在過程中受到不必要的傷害。而身為精神科的治療師，我也認同當病人在困苦中時，若醫者能在病人同意的前提下為其禱告，病人的心理感受一定是正向的。

這世間充滿各種病痛或挫折，許多牧師強調「人生低潮時禱告很重要」，身為基督徒、且生長在牧師的家庭，我自然同意這樣的叮嚀，但我也親耳聽過不同宗教信仰的朋友們揶揄上述說法的公信力，說：「牧師們當然要說禱告有效囉！因為若說禱告沒效，那大家就都不會上教堂了。」這種說法雖令我聽了哭笑不得，但也接受，畢竟這是個言論自由的社會。

然而，禱告這件事，絕不只是神職人員們認為有效，身為精神科的治療師，我也認為禱告有用！若要我從精神健康的角度來形容禱告，我會說：禱告，像一帖「止痛藥」！在這個充滿傷痛的年代，禱告可以是一種無形的療癒。

不同於過往許多關於「禱告」的書常由牧師們所執筆，這本《禱告，是一帖止痛藥》是我從醫學院教授、精神科治療師的角度來反思我的信仰，並從歷史或例證來探究「禱告」這件事對人心的助益，也從精神健康的角度，點出大家在信仰生活上所常有的迷思。希望這本書的出版，能幫助大家更倚靠上帝，迎向生命中的傷痛與挑戰。

禱告，是一帖止痛藥！人生有很多種無形的「痛」，不是單靠吞一顆普拿疼就可以解決的。如果您是一個常常喜樂的人，這本書也許對您的幫助有限；但如果您常感痛苦、無力，甚願這本從醫學院教授、精神科治療師角度所寫出的信仰省思，能成為您的幫助。

施以諾

輔仁大學醫學院職能治療學系 教授（精神科）暨系主任

好消息電視台《維他命施》節目主持人

孤立無助的痛

01

01 上帝，是你煩惱的分母

人生總有煩惱與傷痛。有些煩惱是慢性而長期的！比方說這幾年隨著人口結構的老化，許多人深受疾病的困擾，連帶其配偶也因照顧問題而心生煩悶，甚至有人一時想不開，含淚殺害久病的另一半後自己尋短，諸如此類「長照悲歌」的新聞不時出現在媒體上，令人不得不重視這類慢性而長期的煩惱對人行為的影響。

也有些煩惱是驟然發生的！有時，諸多煩惱會在您毫無心理準備的情況下忽然而至。我父親在我大學畢業後身體就急轉直下，記得有一年，高雄真道神學院邀我去進行一場整天的專題講座，當天一早我正要站上講台前，忽然接到了一通電話，電話那頭是台北教會的會友，很嚴肅地告訴我，我父親施達雄牧師當天一早病況有變、緊急送醫。我很愛我的父親，這突如其來的消息讓我幾乎招架不住，一時之間憂愁與焦慮排山倒海而來，不知該如何從容上台。當天負責主辦的林麗香牧師、真道神學院院長莊牧師，在先後得知我家的突發狀況後，特地為我禱告，說也奇妙，情緒立時平靜了許多。我在當天講完後便馬上趕回台北關切父親的病況，未能與他們多聚，但我一直很謝謝他們當天為我所做的。

人生免不了有煩惱，您都是怎麼因應煩惱的？

我們常把上帝看得太小了

上帝像什麼？人人各有詮釋，神學家有神學家的形容、文學家有文學家的描繪，而身為精神科的治療師，我常這樣形容上帝：「上帝，是你煩惱的分母！」並喜歡用一個公式來形容上帝的愛與幫助，那就是：

憂愁指數＝煩惱／你看上帝的大小

以心靈健康而言，這個公式的關鍵在其分母。

我很喜歡一個關於情緒管理的故事，說到馬丁路德有次非常焦慮、愁容滿面，他的夫人就故意穿了一身黑衣服、一副哀悼人過世的樣子，馬丁路德驚訝地問她怎麼了，她故意回：「上帝過世了。」馬丁路德馬上嚴聲斥責她不可能！他太太便很有智慧地藉機引出她要表達的重點：「既然你的上帝還活著，那何必這麼憂愁呢？」馬丁路德聽了，立刻得著提醒，很快走出了情緒低潮。

親愛的朋友，「憂愁指數＝煩惱／你看上帝的大小」，上帝，是你煩惱的分母！這世上有各種不同的煩惱：工作的煩惱、財務的煩惱，被人排擠或被背後捅刀的煩惱，這些煩惱都難以避免，但你的憂愁指數會有多高，常在於把上帝看得多大或多小。

很多人在生活中把上帝看得很「小」，彷彿祂只侷限在教堂裡，無法解決我們在職場上、人際上的問題。如果我們習慣性地把上帝看得這麼小、讓這個「分母」這麼小，那麼公式一除起來，憂愁指數怎能不高呢？相反的，面對同樣程度的煩惱，如果我們能學習在生命中把上帝看得「大」一點，相信祂的全能與美好，那麼再大的煩惱，都可以被除得很小。

很多人推崇《聖經．詩篇》中的許多作品適合作為禱詞，的確，許多〈詩篇〉的作品都是作者在跟上帝訴說心事，而在不少〈詩篇〉作品中，作者們都把上帝稱頌得很「大」，包括：

耶和華本為大，該受大讚美；其大無法測度。
（詩篇一四五篇3節）

我們倚靠神才得施展大能，因為踐踏我們敵人的就是他。
（詩篇六十篇12節）

他既以大能束腰，就用力量安定諸山。（詩篇六五篇6節）

耶和華──萬軍之神啊，哪一個大能者像你耶和華？你的信實是在你的四圍。（詩篇八九篇8節）

要因他大能的作為讚美他，按著他極美的大德讚美他！（詩篇一五〇篇2節）

我要以詩歌讚美神的名，以感謝稱他為大！（詩篇六九篇30節）

當作者們在上述這些作品中把上帝頌揚得很「大」時，不盡然都處於安逸的環境之中，有時甚至是在動盪的狀況下寫作。為何在動盪中仍要這樣稱主為大?除了是一種讚美外，也不無可能是在「提醒」自己上帝的全能與偉大，幫助自己降低不必要的高憂愁指數，我相信這也是上帝之所以讓這些詞句流傳至今的目的之一。

禱告、情緒與腦中的杏仁核

腦中有個管情緒的部分稱作「杏仁核」（amygdala），包括掌管負面情緒。人生有負面情緒不見得是壞事，適時的負面情緒可以督促一個人警覺、避險、上進；然而，長期而過多的煩惱、負面情緒，則可能會過度增加杏仁核的活性，損害大腦的正常運作，甚至衍生出身心疾病。是以如何倚靠信仰的力量適時地處理日常生活中的煩惱，不只是個信仰議題，亦是個健康議題。其中，禱告是許多人因應壓力與煩惱的方式。

靠著禱告把煩惱化小的例子，在歷史上不勝枚舉。一九九一年一月十六日，當時的美國總統老布希不得不發動波斯灣戰爭，那天早上，他致電名佈道家葛理翰，說：「我需要你。」傍晚，葛理翰到了白宮，一整個晚上，葛理翰為老布希總統禱告了五次。我們不難想像，當時面對戰爭的老布希總統煩惱有多大，但他選擇請人為他禱告，選擇來到上帝的面前，來面對他的煩惱。

上帝像什麼？各行各業有不同角度的詮釋，身為精神科的治療師，我認為：上帝是煩惱的分母，我們眼中看上帝的大小，決定了我們面對煩惱時的憂愁指數。親愛的朋友，您是否常小看了上帝的愛與能力呢？人生有許多免不了的煩惱，但不妨學習那些把上帝看「大」的前人，分母大了，心中的憂愁指數就變小了。衷心祝福大家身心健康、愉快。

信仰生活聊一療

1 在您個人的閱歷中，一個人平日在生活中「把上帝看得多大」跟他每週「花在參與教會活動的時間」是否成正比？如果是，您覺得原因為何？如果沒有，您覺得應該跟什麼成正比？

2 大衛王在其許多〈詩篇〉作品中稱主為大，當時許多的〈詩篇〉作品不只是短文，更是可以「唱」的！在您的生活中，有沒有哪些歌是您唱了之後常可以堅固信心、抗憂鬱、降低憂愁指數的？

身體疾病的痛

02

02 當「病人」禱告時，也許可以挪去其「病」，但更可以改變其「人」

在《聖經》中有許多耶穌醫治病人的歷史記載，很多人曾問我，身為醫學院的教授，在臨床上處處講求實證，相不相信這些醫病神蹟的紀錄？我當然相信！因為醫學在疾病面前永遠是渺小的，有太多事情是醫學至今尚無法解釋的。我也曾聽過有些人生病後，藉由禱告而使病情有所改善的見證，這些靠禱告而得醫治的紀錄與見證著實令人雀躍！但如果要更精確地描繪基督信仰與身體疾病，我喜歡這樣說：當「病人」禱告時，上帝也許會挪去其「病」，但更可以改變其「人」！

我永遠記得在我國二那年，我們一家人興奮地討論著要去墾丁某飯店度假，我父親施達雄牧師還特別訂了間能看海景的房間，但父母也提到，父親頸部有不明突起物，不知是甚麼，可能得再問問醫生，依舊規畫著行程。沒多久，頸部的突起物答案揭曉，是扁桃腺癌！我們全家晴天霹靂，當然，原本的旅遊行程也取消了。後來，扁桃腺癌這一關算是挺過了，但治療的後遺症，讓他晚年深受慢性肺阻塞疾病（COPD）所苦。我父親過去是一位非常會講道的牧師、一位很優秀的神學博士，生前常受邀四處講道、深受喜愛，是以有許多人為我父親的身體禱告，但他的疾病被挪去了嗎？客觀而論，他一直到離世前，都與慢性肺阻塞疾病搏鬥著。雖然他後來無法再四處講道，這讓他一度非常消沉，但上帝並沒有離棄他，他曾在晚年時表達過，他覺得後來離上帝好近，隨時可以與上帝交談，在我的認知中，這是他過去最意氣風發時都達不到的信仰層次，他戴著呼吸器的期間，還完成了兩本著作《老牧人與你談心》、《在六樓牧羊》。

美國也曾有位名牧隆梅爾，曾任美國參議院院牧，他自述擁有運動員的體格，向來身體硬朗，某一天，正當他在辦公室時，忽然接到他的醫師來電，要跟他談其體檢報告，電話那頭的聲音很嚴肅，並要他親自過去一趟。後來醫師親口告訴他，他得了血癌！那天中午，他跟他太太約了另一對夫婦吃飯，飯前他簡單告訴太太這事，兩個人還來不及消化情緒，就得進入與那對夫婦的飯局中，隆梅爾牧師回憶，那頓飯局他簡直食不下嚥。有沒有人為隆梅爾牧師禱告？怎麼可能沒有！然而，後來隆梅爾牧師人生最後三分之一的階段，幾乎都與血癌共存，聽起來似乎有點悲情，但如果從醫學的角度來看，卻是奇蹟！因為一個得血癌的人，竟還可以撐這麼多年，他許多有名的著作包括《撼動天堂的禱告》等，都是在他罹癌後才創作出來的。

在杏林子劉俠過世前的最後幾年，我曾有幾次到她花園新城住所與她會面的機會，起先只是因為她常以 E-mail 回應我所寫的電子報，讓我深受鼓勵，我便提出當面致謝的要求，她很爽快地答應了。待一見到她本人後，才發現她因類風濕性關節炎所造成的關節變形，遠比我所想像的還嚴重！但幾次見面下來，她總是分享許多樂天的生活態度。類風濕性關節炎的病人身上常伴隨著常人無法忍受的慢性疼痛，是一種令許多人聞之色變的疾病，杏林子劉俠難道不曾禱告祈求主挪去這疾病？我相信一定也有，但她終其一生仍與疾病共存著，這樣的疾病似乎也淬鍊了她。她許多的著作均與其病程有關，就連其筆名中的「杏林」二字都是取材自醫療的同義詞，許多身有疾病的人往往聞「醫」色變，而她一個深受類風濕性關節炎所苦的人，竟取了個醫療味這麼重的筆名，說明身為敬虔基督徒的她，其實早已不忌諱自己是個病人的事實了。

請容我冒昧地說：有少數基督徒，會在自己身體尚稱健康時，對疾病與信仰之間的關聯有自義的描述。曾經有位知名講員，口若懸河、喜於用言語貶抑時人，曾在明知某教會牧師正生病住院時，在該教會的講座上，故意對會友們公開說：「我不敢說疾病都是上帝的審判，但基督徒之所以會生病，往往都是因為上帝的審判。」而幾年後，這位名嘴級的講員卻得了某種自體免疫性疾病，尷尬不已！後來，就很少再聽他武斷地把別人的生病跟上帝的懲罰公開作強硬的連結了。他過去在自己身體健康時，以脫口秀式的言論消費正生病的神職人員，意圖藉此在眾人面前彰顯自己的高尚，結果，反而在自己日後身體出狀況時，造成無比的難堪。足見當我們面對別人的疾病與身體不適時，憐憫與謙卑是何等重要。

我們該如何看待疾病與信仰？《聖經》上固然有上帝用疾病來懲罰

人的情節，但也有些人的疾病反而彰顯出上帝的榮耀。本文開頭的三個例子，他們身體上的「病」沒有痊癒，絕對不是他們信心不足或禱告得不夠，更不是上帝沒有聽到；這世上固然有許多病人因禱告而病得醫治的例子，然而當「病人」禱告時，上帝不一定會挪去其「病」，但絕對會改變其「人」，讓他們從中活出不一樣的人生，這是更大的神蹟。

疾病往往帶來痛苦，有不少醫者曾建議，對於許多深受身體疾病所苦的人而言，禱告可以緩解疼痛，包括術後疼痛、慢性疼痛、癌症治療的疼痛等，當然，效果可能因人而異，但我深信也鼓勵為病所苦的人們這樣做。

然而，**禱告的止痛作用絕不僅止於「嗎啡層次」而已，除了有可能緩解身體上的疼痛，禱告更可以緩解心中因久病所累積的苦毒**，而身為精神科職能治療專家，我深深覺得，久病厭世的無形疼痛，有時比身體上的痛來得更加棘手、更難以處理，甚至靠著醫療的力量難以緩解，需要信仰的支持。

親愛的朋友，如果您或您所愛的人正被身體疾病所苦，我必須說：上帝在乎您的疼痛！禱告，是一帖止痛藥，除了可能緩解您身體疾病的疼痛外，更可以緩解久病之人心中那無形的痛，這是何等有價值的一帖藥！而這帖藥醫院、診所開不出來，卻又唾手可得，願我們都善用「禱告」這帖藥。

信仰生活聊一療

1 您見過深受身體疾病所苦，卻靠著信仰努力抗病的例子嗎？他們的抗病人生，給您最大的啟發是什麼？

2 醫療在疾病面前常是渺小的，但上帝的慈愛大過一切疾病。您覺得人生活著最大的盼望是什麼？

氣切臥床的痛

03

03
從「三等病人」到「一等病人」的生命力

我父親生前是個牧師，他曾擔任過的職務不少，包括浸信會聯會主席、台灣浸信會神學院董事長、景美浸信會主任牧師、藝人之家顧問牧師等。許多人對他的印象是帥氣、英挺、口才好。的確，他的口才之好，至今許多曾聽過他講道的長輩們見到我，都還對我稱道他當年的講台多有魅力；他的著作《實用講道法》至今仍是許多神學院講道學課程的指定書目之一，也因口條好而成了華視節目《迎新》的講員。然而，他人生的最後時光，卻遭受很大的考驗，他晚年因扁桃腺癌所導致的後遺症，頸部整個纖維化，後來成了慢性肺阻塞疾病的病人；之後他不能進食，需要在胃部另外開個胃造口，後期還做了氣切，需要仰賴呼吸器維生，無法離開沒電的地方，也因為做了氣切，他再也無法講話。他的肺功能在醫學上屬於不可逆的狀況，亦即氣切與呼吸器會伴他度過餘生。

我父親是個很能「忍」的人，這跟他的出身背景有關。他是個貧戶的遺腹子，尚在母腹中他的父親就因病辭世，家境貧困。他母親因喪夫的悲痛而影響了懷胎的過程，再加上後天的環境營養不佳，使得他從小就體弱多病，二十幾歲就已動過了嚴重的肺部手術，身體底子很差，卻也造就他很能吃苦的性格與韌性！對他而言，戴呼吸器、需靠胃造口進食的苦雖痛，卻不是最大的痛，他當時最大的痛，是他再也無法開口講話了！他這位以口才恩賜享譽教會界的牧師，再也無法揮灑他這最被人稱道的恩賜，這種心痛，宛如鋼琴家被人截去雙手、運動員被人截去雙腳那般地痛。

身為神職人員的他後來曾以文字自述，那一年，他低潮到無法禱告、無法翻閱聖經，也不願意聽到任何一點跟詩歌有關的旋律。在我成長的過程中，我父親一直是我心目中的屬靈巨人，而那一年，我卻也硬生生地看到我心目中的屬靈巨人轟然倒下！不是指身體的倒下，而是因病而導致的心靈軟弱。

他也曾自述，那一年，他無意間看到一張衛教單張，說像他這樣需要戴著呼吸器才能維生的病人，在醫學上稱之為「三等病人」，這所謂的「三等」不是指醫療權益三等，而是指這種病人每天只能做三件事：等吃、等睡、等死。他看了之後非常痛心，因病鬱悶而久未能好好禱告、讀經的他，來到上帝面前吶喊：「主啊！祢呼召我作牧師，又繼續留我的命在這世上，難道就是要我成天活著『等吃、等睡、等死』嗎？這難道就是祢呼召我、留我性命的目的嗎?」他在禱告中向上帝祈求,求上帝繼續使用他,成為一個「一等病人」,這裡的「等」,是指「專一等候」上帝的聲音。

後來在禱告中,上帝光照他:「雖然我現在已無法再像以前一樣上台開口講道,但我的手還是好的,我可以把想講的話寫下來啊!」於是,他每兩個禮拜便寫一篇文章放在教會週報裡,此舉傳出去之後,感動了台灣許多基督徒,也震撼了許多照護他的醫護人員!而他戴著呼吸器所寫成的文章,後來集結成《老牧人與你談心》與《在六樓牧羊》這兩本書。

回憶我父親施達雄牧師最後幾年在病榻上,從「三等病人」到「一等病人」的見證,讓我這個旁觀者頗感震撼!因為我看到了我心目中的屬靈巨人因病而倒下,卻又因禱告而「再起」的過程,親睹這段過程,不但堅固了我的信仰，在我成了精神科的治療師之後，我也常拿我父親的經歷跟一些深受憂鬱所苦的病人們分享：如果連一個戴著呼吸器的病人、一個每天只能「等吃、等睡、等死」的「三等病人」，上帝都可以讓他繼續活出意義了，上帝讓我們繼續活著，也必然有祂的美意，以及我們無可取代的價值。

現代人生活壓力大，如果您過去認識我父親，記得把這段「從三等病人到一等病人」的故事跟您身邊低潮的人們分享，讓更多人們認識他背後那位活生生的上帝；如果您過去不認識我父親，但這篇〈從「三等病人」到「一等病人」的生命力〉讓您有所啟發，無論您目前狀況如何，都歡迎您一起作「專一等候」上帝聲音的「一等」人，讓自己的生命活出應有的精采與豐盛。願主賜福您。

信仰生活聊一療

1 您關懷過已多年氣切臥床、無法言語的病人嗎？您覺得您可以為這樣的病人做些甚麼？

2 世上一般提到「一等」時，意思是「比別人更卓越、優秀」；但本文主人翁施達雄牧師在病中的領受，卻是作個「專一等候」上帝聲音的人。這兩者必然衝突嗎？兩相比較有何異同之處？

精神疾病的痛

04

04 為什麼基督徒還是會得精神疾病？

身為精神科治療師，我看過許多為精神疾病所苦的患者及其家屬，其中，也有些是基督徒。基督徒的心靈不是該比一般人更健全嗎？為什麼基督徒還是會得精神疾病？這個問題令人尷尬，也很難有標準答案，畢竟精神疾病的類型很多，成因也很多，包括生物醫學因素、心理因素、社會環境因素等，也可能是以上三項的綜合，是以不能偏頗地把罹患精神疾病的基督徒歸咎於信心不足或性格所致。精神疾病或相關症狀對基督徒有哪些影響？容我從兩個歷史人物的例子說起。

身心與信仰

首先我們來談談梵谷，這是一個在藝術史上讓人如雷貫耳的名字，他在歷史上的名氣之大，應該讓不少藝術家們望塵莫及、甚至是羨慕不已，然而，恐怕很少人會想要經歷梵谷所經歷過的人生。

梵谷的父親是神職人員，而梵谷自己也曾差一點就從事神職工作，當然，他後來在歷史上最為人熟知的職業是畫家。他深受精神狀態所苦，還曾因為跟另一位名畫家高更不合，一氣之下把自己的一隻耳朵割掉了。後世的精神健康學者，有人推測他是顳葉癲癇，也有人說他似有思覺失調症的傾向。他的畫作甚多，包括〈星夜〉、〈向日葵〉、〈嘉舍醫師的畫像〉等。卻是身後才漸漸受到重視。

而他的死也令人不捨，文獻記載他用手槍自傷，似乎尋死的心並不算太堅定，在開槍未造成死亡後，他有尋求醫療協助，但因當時未被積極介入，後來因此痛苦地死去。雖然許多人以「自殺」二字來形容他的逝去，但因為他顯然一直有精神症狀，身為精神科治療師，我認為形容梵谷是「因病過世」，比說他是「自殺過世」要來得精準。

讓我們來思考一個關於他的信仰議題：他的上帝為什麼要讓一個生在神職人員家庭、自己也差點成了神職人員的虔誠信徒，得了這種病？人很難理解上帝的一切作為與決策，但有時我自己也在學一個功課：很多時候上帝給每一個人的病痛與苦難，其實都有「精算」過。假設梵谷真是個思覺失調症的患者，身為精神醫療學者，我敢這麼說：同樣是創作者，如果梵谷不是個印象派畫家，而是論說文作家，上帝允許他患上這樣的精神疾病，恐怕會毀了他，因為顯然他的邏輯論述能力已受到影響；然而，容我這麼說，如果不是他的精神狀態，他的許多抽象畫作未必能有這樣的張力與對比。

或許今天上帝也給了您一些難題與困苦，讓您大呼不易，然而，上帝正藉此來為你成就美事，這些美事也許您已看到了、也許還沒看到，但有一天，這些美事必然會顯現出來。

第二個例子，我們來看看歷史上的大衛王，這個人的心性很有意思，有時一高興起來，會在眾人面前極力跳舞，甚至跳到讓某些人覺得有點太過的地步；有時情緒卻很低落，曾哀歎說：「耶和華啊，求你速速應允我！我心神耗盡！」（詩篇一四三篇7節）也曾形容自己「我因唉哼而困乏；我每夜流淚，把床榻漂起，把褥子濕透。」（詩篇六篇6節）在精神科職能治療中，有種測驗叫「完句測驗」，亦即讓病人用類似造句的方式來表達自己的心境，並讓治療師能從這些造句中判讀病人的身心狀態。我在臨床上常用這個測驗，我必須客觀地說，如果我有病人在完句測驗中寫出類似大衛上述的詞句，在臨床專業上，我會視為一大警訊。

而這正是大衛王特別的地方，通常成年人的表現風格都會相對穩定，但大衛王一會兒可以在眾人面前極力跳舞、擊鼓跳舞，一會兒卻又造出這種憂鬱指數破表的詞句，一個成年人的情緒表現，竟可以這麼極端、這麼兩極化！如果今天有人告訴我大衛王有「躁鬱症」的跡象，我可能不太會否定這樣的說法。躁鬱症又稱雙極性疾患（bipolar disorder），有躁期、鬱期交替發作或混合出現的狀況。我們無法跨越時空為大衛王看診，但其實就算是，那又如何呢？曾有近代關於心理疾病職能治療的書籍提到，某些躁鬱症的特質，其實頗有利於藝術創作，而在歷史上，大衛王也的確是個藝文創作達人，他的禱詞詩作張力強且優美！如果不是有這樣的特質，他可能不會是個如此多產的創作者，無法留下這諸多療癒人、激勵人的禱詞詩篇。

如何為深受精神疾病或情緒困擾者禱告？

精神疾病的類型有很多，為什麼基督徒還是會得精神疾病？可能無法有統一的標準答案，但我們可以從梵谷、大衛王的例子看到，有時上帝允許某些人出現相關的狀況時，也許有其美意。

當然，大衛王在低潮中的禱詞詩篇很多，他某些禱詞字句中溢出了滿滿的憂鬱情緒，但他有個很值得後人仿效的地方，是即便他有時在禱告中痛苦地埋怨、宣洩，但最後他還是讚美上帝，並相信上帝會帶領他走過痛苦。這樣的禱告態度，值得我們每一個人在低潮中學習。如果您想為自己或身邊有精神疾患的人們禱告，至少有以下四個重點是您我可以掌握的：

1 為各種療程的果效祈禱：在醫學上，精神疾病的起因很多，基因、遺傳、環境社會、後天……都是可能因素，且精神疾病的分類也頗為複雜。而無論是精神科的藥物治療、或非藥物治療，有時即便是同樣的療程作用在相同診斷的病人身上，都可能有效果上的差異。為病患所正接受的各種治療效果禱告，求主幫助醫者有敏銳的心思，拿捏最好的介入方式，並使這些療程能發揮最大的效益。

2 為患者預後的社交功能祈禱：許多人在為精神病患禱告時，都一再為其「心情」禱告，這樣不是不好，但在臨床上，其實許多精神疾病患者病後能否成功地回歸社會，重大關鍵是其「社交功能」！許多研究均顯示，已退化的社交功能、或不恰當的社交互動模式，是阻礙病患回歸社區、得到社會接納的一大變數。

3 為患者的家屬祈禱：照顧精神病患的壓力很大，除了照顧工作本身很磨人之外，還常要承受旁人的異樣眼光、嘲諷或同情，都是很難受的。為病患禱告的同時，也為家屬禱告，別讓他們先垮了。

4 為主的美意能彰顯祈禱：我們還是相信，主在凡事上都可以顯出美意，求主在這件事彰上顯祂的美意。沒有人希望自己或家人得到精神疾病，但如果是既成的事實，那麼求主讓我們早日看到，這患病經歷所要給我們的啟示或用心。

基督徒為何還會得精神疾病？或許沒有標準答案，且罹患精神疾病的痛往往令人難以啟齒，但禱告可以是一帖無形的止痛藥，願我們能善用這帖藥，來幫助、扶持有需要的人們。

信仰生活聊一療

1 您有沒有見過深受精神疾病所苦的「抗病勇士」？他們最令您佩服的地方是什麼？（作者按：若要在小組中分享此題，請勿透露個案的姓名或個資。）

2 我們的社會或教會，最常怎樣汙名化正被精神疾病所苦的人？您我可以怎樣導正這樣的現象？

心浮氣躁的痛

05

05 從「夏季情感障礙症」看約拿的情緒與禱告

您有過在天熱時特別容易心浮氣躁、敏感易怒的體驗嗎？我相信很多人或多或少都有過，這在臨床上有個詞叫「夏季情感障礙症」，俗稱「情緒中暑」，很有趣哦！情緒，也是會中暑的！在生理上，當外界環境的溫度上升時，會牽動人體內分泌、下視丘等系統的變化，進而影響人的心理，是以當天氣炎熱時，就可能造成所謂的「夏季情感障礙症」，使人出現情緒煩躁、低落、易怒，無法理性思考等狀況。而在臨床上，當氣溫超過35度，日照超過12小時，且濕度高於80%時，特別容易出現這種現象。

在歷史上，有個人名叫約拿，若從今天的角度客觀來看，他實在是個難得的名嘴級佈道家！因為上帝派他到當時的罪惡之城——尼尼微城去佈道，他只講了一天，結果幾近全城悔改！在那個沒有多媒體輔助宣傳的時代，這樣的演說成效與口才感染力，史上罕見！

但當他眼見這個原本該受天譴的罪惡之城，因著幾近全城悔改而免遭天災，居然心生不滿！他似乎覺得這群曾犯罪之人，應該通通該被降災滅亡才對！很奇妙喔！自己去傳講要人們悔改的信息，別人真悔改得救了，他卻又覺得不平，這位佈道家的反應怎麼這麼矛盾、不合邏輯？文獻記載，當時烈日當空，約拿人在城外生悶氣，本來還有棵蓖麻替約拿遮陽，後來那棵蓖麻卻被蟲子咬倒了，他汗流浹背、熱不可抑。約拿曾氣到在禱告中對上帝歇斯底里地嗆聲：「我死了比活著還好！……我發怒以至於死，都合乎理！」

而慈愛的上帝也沒任他氣死，祂知道約拿一想到那些犯罪的城民得著饒恕便不服氣，再加上不捨那能替自己遮陽的蓖麻沒了，便慈祥地回應約拿說：「這蓖麻不是你栽種的，也不是你培養的；一夜發生，一夜乾死，你尚且愛惜；何況這尼尼微大城，其中不能分辨左手右手的有十二萬多人，並有許多牲畜，我豈能不愛惜呢？」希望他能別再為尼尼微城的人民得救而心懷不平。

約拿的故事很有趣，曾聽過許多人在查考《聖經》中的上述情節時，用了「埋怨的先知」、「自義的先知」、「情緒化的先知」、「矛盾的先知」等等來形容約拿，但我覺得把這樣的標籤貼在約拿身上實在太沉重！讓我們客觀來看，尼尼微城座落的位置，據考古學家所說，是在今天伊拉克的北部、底格里斯河的岸邊，而伊拉克的夏季氣溫最高可近50度，溫度常高於35度，約拿就是在這樣的環境下於城內走了足足一天，之後又一個人在城外被烈日晒著。而底格里斯河又是中東的大水域，尼尼微城鄰近該流域，濕度應該相對比其他未臨水岸的內陸城市要來得高。各位看出端倪了嗎？我們當然可以評論約拿是個表現矛盾、偏激與不理性的先知，但在醫學上，他所表現出的種種情緒化與無邏輯的怒氣，其實就是個正常人深受「夏季情感障礙症」所苦時會有的情緒反應，實在令人不忍苛責。

的確，約拿在城外向上帝所講的話，沒有感恩、沒有讚美，實在與大家心目中的模範禱文差距太大，甚至我們可以說他簡直就是「來到上帝面前歇斯底里」的，似乎一點都不可取。然而，約拿在城外的禱告，其實給了我們幾個很棒的提醒：

1 您在負面情緒中還肯「來到上帝面前」嗎？約拿在城外的禱告雖是「來到上帝面前歇斯底里」，但仍有可取之處，可取的當然不是他的「歇斯底里」，而是他在情緒痛苦中仍懂得「來到上帝面前」。這是許多人在情緒浮躁、心煩意亂時，不一定做得到的事，而當他這麼做時，上帝也親自回應和開導他。

情緒管理是一門很難學到完美的人生必修課，那怕是精神科的治療師、醫師或神職人員等，也都會有情緒爆發的時候。而約拿在極惡劣的情緒中，卻還懂得來到上帝面前禱告，這點很值得我們效法。

2 上帝在乎人類的情緒：上帝是位慈父，祂絕對不像某些清宮劇中高高在上的皇阿瑪，只喜歡兒臣們的稱頌與感恩，當我們面露不悅時，祂馬上喊天使把我們給拖出去打或奪去黃帶子；事實上，上帝愛我們，祂在乎我們的情緒！祂固然不忍心也不希望看我們歇斯底里、憂鬱爆表，但祂總是願傾聽這樣的負面感受。在歷史上，祂傾聽了約拿的負面心聲，也傾聽過大衛王的痛苦哀怨；一直到今天，祂仍在乎我們的負面情緒。

約拿，一個特別的人物，他在尼尼微城外的禱告看似並非典範，卻仍給後人無限的省思，我們也可從中看見上帝的慈愛。下次當您因著季節或其他可能因素，而開始變得煩躁、偏激、易怒、不理性時，別忘了來到上帝面前，祂在乎您的情緒，祂是最好的治療師！

信仰生活聊一療

1 您有過因著季節或氣溫轉換而感到煩躁、易怒的經驗嗎?您都怎麼調節自己的情緒?

2 您有過在禱告中向上帝發怒的經驗嗎?後來事情的發展如何?

職能剝奪的痛

06

06 少帥張學良與周聯華牧師

在精神科職能治療中有一種「痛」，叫作「職能剝奪」（occupational deprivation），意指被不可控的外力限制人生原本可以有的選項與多元性，這不但是非常痛苦的事，且長久下來，對心理健康頗為不利，某些政治犯就屬此類範疇。而如果基督徒遇上了，信仰和禱告有助緩解心中的這種痛嗎？

在歷史上，「少帥」張學良將軍在西安事變之後，人生便走上截然不同的路，若以今天的用語來形容，原本大有揮灑空間的富二代，就此成了被長期軟禁的階下囚。如果換成是您我，能不痛苦、不憂鬱嗎？

這樣的階下囚人生，一直延續到他隨著國民政府播遷來台，而到了台灣後的轉機，讓他的心靈產生了變化。根據國史館所出版的《周聯華牧師訪談錄》記載，在台期間，張學良本來一度對佛經很有興趣，後來卻信了基督教，並在士林官邸的凱歌堂聚會，且有固定讀聖經、禱告的生活；後來在周聯華牧師的幫助下，張學良還選修了美南浸信會的神學函授課程，甚至用「曾顯華」為筆名（筆名取自在信仰上幫助他的三位基督徒：「曾」約農、董「顯」光、周聯「華」，以表示對這三人的感謝），協助翻譯了屬靈書籍《相遇於髑髏地》（*They Met at Calvary*）的中文版。髑髏地是耶穌被釘十字架的地方，書中記有耶穌在祂人生痛苦時所說的話，話中有禱告、也有應許。張學良能翻譯這本禱告成分頗重的書，足見他當時的信仰根底已非一般。

有人說，張學良信基督教是「裝」出來的，畢竟出身自軍政二代，身為東北霸主張作霖之子，從小必對政治人情的操作與敏感度耳濡目染，覺得若信了跟蔣宋美齡一樣的宗教，並積極地在眾人面前虔誠祈禱、做禮拜，蔣介石夫婦就不好殺了他或苦待他，許多人認為張學良心裡並沒有真正地歸依基督，只是他藏得很好。

上述的分析，固然在政治上不無道理，但筆者就精神健康的角度來分析，我覺得上述狀況發生的機率太低。首先，若要一個人「裝」出對一件事、或一份信仰的熱愛，但心裡面其實滿是咒罵，也許一年、兩年、十年還能裝得下去，但要裝個幾十年，那精神狀況只怕是要崩潰了，這已超過人的上限。再者，張學良長期被軟禁，也就是本文開頭所提及的「職能剝奪」狀態，而當一個人長期處在被壓抑、限制的環境中，對人生缺乏「掌控感」時，很容易產生情緒問題，甚至可能衍生身心疾病，但我們並未看到張學良有任何精神異狀的記載，唯一合理的解釋，是一定有某種強大的心靈力量支撐著他，否則他很難維持精神健康。第三，上教堂做禮拜可以假裝，但要翻譯出一本屬靈書籍又是另一回事了，因為除了翻譯能力之外，更重要的是信仰方面的領受，畢竟同一個詞彙在不同語言文化中有數種翻譯法，如果張學良在基督信仰方面的感觸不夠深刻、不夠內化，根本很難翻譯《相遇於髑髏地》這種書。綜合以上三點，身為精神科的治療師，我可以合理地推論，張學良應是真的成為虔誠的基督徒！張學良可能曾經也為自己被軟禁的遭遇鬱悶到痛，但顯然禱告與信仰生活幫助了他，舒緩了他心裡的痛。

禱告，是一帖止痛藥！人生當中有很多的痛、有很多令人心痛的遭遇，是靠藥物解決不了的，是一種心靈層面的不甘或創傷；但禱告可以緩解人心的痛，讓人看見自己在造物主眼中的價值。

張學良的一生幾乎都被軟禁著，可說是相當悲情，這讓我聯想到，在歷史上大衛王曾有段禱詞：「我陷在深淤泥中，沒有立腳之地……尋求神的人，願你們的心甦醒。因為耶和華聽了窮乏人，不藐視被囚的人。」

禱告，是一帖免費的止痛藥！這個世代很多人感慨「人生好難」，覺得事事身不由己、處處受限，讓人痛苦萬分，但上帝總讓親近祂的人感受到自己在祂眼中的寶貴與價值，願我們都善用這帖良藥。

信仰生活聊一療

1 您感受過「被不可控的外力限制人生原本可以有的選項與多元性」的痛苦嗎？您認為其中有上帝的美意嗎？

07

生死煎熬的痛

07 諾曼第登陸後的療癒禱告

諾曼第登陸是人類近代歷史上最大規模的搶灘作戰，也是扭轉第二次世界大戰歐洲戰線的關鍵，而它只是扭轉戰局的起頭，之後以英、美等國為主的同盟國軍隊奮勇作戰，是最後成功的主因。這段歷史也被許多後人給拍成電影、小說、紀錄片傳頌著；然而，其中有一場禱告，值得世人紀念。

在當時，美國總統是富蘭克林．羅斯福，他年輕時即是個前途看好的政治金童，一九一〇年當選紐約州議員，一九一三年成為海軍助理部長，然而，他在一九二一年得到脊髓灰質炎，導致腰部以下癱瘓。好在他的信仰給了他很大的支持，一九二九年，他再次當選紐約州州長，並於一九三二年代表民主黨擊敗當時共和黨競選連任的胡佛總統，當選美國第三十二任總統。在那場選戰中，競選連任的胡佛只拿下六個州，其他幾十個州的選舉人票全被羅斯福囊括了。

或許是疾病讓羅斯福意識到自己的渺小，並學習到要緊緊地抓住上帝，這位美國史上唯一下半身癱瘓的總統，在他第一任任期就職演說的最後，公開作了下述的禱告：「在獻上我們的國家時，我們謙卑地祈求神的祝福，願祂保守我們每一個人，願祂在未來的年日中帶領我。」在他的執政團隊面臨挑戰時，他也曾經以自己的疾病與復健毅力來激勵旁人：「如果你曾在床上躺了兩年，努力嘗試挪動大拇趾，那麼其他的事就容易多了。」

而羅斯福很為後人所津津樂道的一點，是他在任期內常以廣播所進行的「爐邊談話」，他的談話總是非常溫馨且成功！以今日的角度來看，在那個沒有youtube、podcast、FB粉專的年代，羅斯福總統猶如「總統兼網紅／直播主」，人氣指數很高的！但我相信如果不是羅斯福身患殘疾，他不一定能對人們講得出如此多感性、安慰的談話。有時曾走過人生傷痛的人，最知道該怎麼安慰旁人。

而他對人們的同理與感性，也在諾曼第登陸後發揮了功效！在《白宮使命》一書中，記載了羅斯福在諾曼第登陸捷報初步傳回美國之後，曾這樣公開祈禱：

「全能的上帝：我們的孩子們、我們美國的驕傲，他們今天做出了一個偉大的努力，為了國家、信仰和文明的存亡，也為了釋放受苦的人類，請帶領他們走正確的道路，也賜給他們有能力的手臂、堅強的心靈以及堅固的信心。他們需要你的祝福。他們前面的路途漫長且艱辛，因為敵人強大，可能會強力反擊。成功或許不會轉眼來到，但我們絕不輕言放棄。我們知道因著祢的恩典、因著公義的緣故，我們的兒子們必要得勝。

「有些人或許不會再回來。父神啊，請祢擁抱他們、接納他們，接納祢勇敢的僕人們進入你的國度。

「而對我們這些留在家鄉的人，這些海外勇士的父親、母親、兒女、妻子、姐妹、弟兄們，我們的思念與禱告常與他們同在。全能神，請幫助我們，在這個重大犧牲的時刻，將我們自己重新獻上，更新我們的信心。」

如果從精神健康的角度來看，羅斯福在諾曼第登陸後的這一段禱告，帶有很大的療癒力！這段禱告兼顧了幾個層面：

1 這是一段讚美上帝的禱告：很多敬虔的禱告都以讚美、尊榮上帝為開頭，包含主禱文開頭所說的「願人都尊祢的名為聖」。羅斯福在這段諾曼第大登陸後的即時禱告，毫不避諱地談到了上帝的全能、恩典與憐憫，這不但是對造物主的稱頌，也提醒、安慰了群眾：我們的身旁有位偉大的神在看顧著。

2 這是一段坦承軟弱的禱告：羅斯福並沒有只是慷慨激昂地宣告自己的強大，相反的，他坦承戰局的未來仍可能充滿變數，坦承敵人希特勒的軍隊絕對是勁敵。他在上帝面前所展現出的是謙卑與倚靠，不禁令人聯

想到大衛王在〈詩篇〉中的禱詞：「耶和華啊，我的心仰望你。我的神啊，

我素來倚靠你；求你不要叫我羞愧，不要叫我的仇敵向我誇勝。」

3 他用「永恆的盼望」來安慰人心：他的禱詞安慰著眾人，也許會有自己的子弟無法活著回來，但主已為祂的子民預備了永恆的國度。面對生離死別，他選擇用永恆的盼望來撫平國民的悲痛。

4 他為全民祈求「從上帝而來的信心」：他不像希特勒那樣用亢奮的音調來激勵國民，他知道一時的情緒無法帶來持久的信心與平安，他祈求主賜給全民信心，來面對國家接下來的戰爭。

羅斯福在諾曼第登陸後的那一天，作了一段療癒人心的禱告，有激勵

也有安慰。親愛的朋友，我們也許不一定會面對戰爭與動亂，但我們或我們的團隊卻可能面臨自己人生的「諾曼第登陸」！也許是要進手術室的前一刻、要上考場的那一刻，或某個職場上的關鍵時刻，對於能否翻轉人生，我們感到焦慮、不安與惶恐。在面臨自己人生攸關存亡的時刻，我們是否懂得讚美上帝、坦承軟弱、定睛永恆的盼望，並祈求從上帝而來的信心？願我們都能在關鍵時刻倚靠上帝，來迎戰各樣的試煉。

信仰生活聊一療

1 您的人生是否經歷過「千鈞一髮的關鍵時刻」？無論結果為何，您認為上帝的帶領是什麼？

2 您的人生是否曾經歷某些傷痛或不順，但這些際遇反而讓您成了更好的安慰者，得以更懂得去安慰傷心的人？

不知為何而戰的痛

08

08 別讓我們的禱告只剩下用來謝飯

美國第四十三任總統小喬治．布希，恐怕是美國歷史上截至目前為止除了川普之外，在位時期被媒體揶揄得最嚴重的總統，甚至有媒體嘲諷他可能是史上智商最低的美國總統；但從客觀的角度來看，他在任內其實仍有不少可圈可點的政績。他尋求連任時，所擊敗的對手可是民主黨的兩位明星參議員約翰．凱瑞、約翰．愛德華茲的搭檔組合，成功贏得第二任任期，至今仍被許多共和黨員視為精神領袖。客觀而論，他的成就不俗。

這位被許多不喜歡他的人嘲諷為智商相對不高的總統，為何能達到這樣的成就？可分析的原因或許很多，然而有個因素值得重視，就是他曾說過：「我每天祈禱，我在任何地方都可以祈禱。我是說，我在床上祈禱，我在橢圓形辦公室祈禱。受到聖靈感動，我就祈禱。」他是個重視禱告的人，而且是個會為自己的事業而禱告的人。

每個基督徒都會禱告，但不一定會善用禱告的權利來積極營造自己的人生，讓禱告變成一種習慣性的儀式，甚至一不小心，我們的禱告，會幾乎只剩下用來謝飯。謝飯禱告當然很必要，但如果我們的禱告只剩下謝飯之類的用途，可能會錯失許多生命中的美好。

記得幾年前曾應邀為曾任東海大學校友會理事長、中華基督教文字協會理事長沈金標的著作《豪大的祝福：林書豪的神奇之旅》寫序，這是一本很棒的書，當時我有感而發，將序文的主題定為〈不只要沾光、更要發光〉，其實是那陣子有個非關林書豪的感觸：有些基督徒有種習慣，一見到名人講了些跟聖經有關的話，或是稍微表明自己是基督徒，無論該名人的真正屬靈狀況為何，就急著去「沾光」，強調自己跟他同一個教會或宗派，強調自己曾接觸過他，甚至強調自己曾為其施洗等等。這當然沒有不好，一個肢體得榮耀，所有肢體都得榮耀，然而，聖經給我們的教導並不是「所以你們要沾光」，而是「所以你們要發光」，是以當我們見到某個肢體得榮耀時，能否反思自己的信仰生活，讓自己也能活得成熟。

當然，這裡所謂的「發光」不是侷限在功成名就，或是世俗的財富、名位，發光往往指的是「好行為」！也許這是一個不友善的世代，工作環境不盡如人意，但上帝讓您我生長在這個時代，或讓我們進入某個行業，絕對不是在「整」我們！祂必有祂的美意！如果您願意，不妨這樣祈求：

「主啊！如果這是祢要我做的工作，求祢幫助我，讓我看到祢要我去影響的人！主啊！如果這是祢要我做的工作，求祢幫助我，讓我看到祢要我在這份工作中所要做的事！」

所謂「上帝要你影響的人」，未必是跟甚麼鼎鼎大名的人物交涉，可能是您一句安慰的話，挽回了一個有潛在自殺動機的人，而這個人是上帝所愛的，你若挽回了他，上帝當然高興。而「上帝要你去做的事」也未必是什麼驚天動地的事，也許是改變您辦公室的風氣，讓職場有不一樣的氛圍。主曾說「做在一個弟兄中最小的身上，就是做在我身上」，做在主身上的事，當然是「大事」！我們有沒有這樣的企圖心，求主讓我們在職場上多做一些大事！

在職場上找不到自我價值感，是許多現代人心中的痛。禱告，可以是一帖止痛藥，但並不是用禱告來麻痺自己、逃避這世界，而是藉由禱告看見自己的價值與影響力。基督信仰沒有應許每個信徒獲得世俗的頭銜或升遷，但絕對讓我們看見自己生命的價值！讓我們一起來為我們的工作能更有影響力禱告！求主幫助我們，讓我們工作的意義不再一樣。

我曾跟一些年輕基督徒朋友半開玩笑的說：「不要讓我們的禱告太『佛系』，因為我們是信基督的。」可不是嗎？不要讓我們的禱告只剩下求平順、謝飯這類的例行禱告，這些禱告並沒有不好，但人生若只剩下這些禱告，真的太可惜也太無趣。我們的禱告可以有點挑戰性，我們的禱告可以採取些「攻勢」，讓我們成為在職場上有屬靈影響力的人。

這是一個讓很多人有無力感、覺得在職場上不知為何而戰的時代，但偏偏現代人的工時又特別長，別讓我們的禱告只剩下用來謝飯！您可以用禱告找回上帝在職場上要給您的使命感與神聖，讓您工作得更有勁！

信仰生活聊一療

1. 您常為自己或子女的工作禱告，使工作能發揮更大的影響力嗎？
2. 您覺得當代哪一位公眾人物的工作態度值得您效法？

衝動釀禍的痛

09

09
從臨床「衝動控制」解讀參孫的言行與禱告

在臨床職能治療上，治療師們常關注某些個案「衝動控制」（impulse control）異常的狀況，這可能會出現在不同診斷的病人身上，有學者指出，衝動控制差可能和腦中的血清素作用不足有關，而衝動控制不足者，可能會在日常生活中衍生出各種衝動行為，包括易怒、易生事端、一夜情、閃電結婚、購物狂，甚至是未經熟慮的創業衝動行為等。但衝動控制差的人不見得都是一事無成的魯蛇，也有衝動控制差的人最終能留名青史。

這讓我聯想到，在歷史上以色列民族的士師、大力士「參孫」，就是個很特別的例子。我們當然沒有辦法跨越時空去把這位大英雄帶來現代化的醫院，來測量他腦部的血清素是否足夠，但按文獻記載，參孫所展現出的種種日常言行，包括壞脾氣、閃婚、一見鍾情、好鬥、受不得氣、輸了就會暴怒等行徑，身為精神科的治療師，我恐怕不會認為參孫的衝動控制是正常的；若以臨床行為的角度來解讀，便不難解釋參孫其實絕非什麼天生壞心腸的恐怖分子或是渣男之類的，應該純粹就是個衝動控制不佳的軟弱者。而這樣一個衝動控制差的大力士，卻出生在父母親相當敬虔的美好家庭中！您說這樣的反差很諷刺也罷，但我倒認為，如果上帝不是讓他出生在這樣一個好家庭，而是讓他出生在父母性格暴戾的家庭，那麼參孫這個動輒惹事、頂嘴的傢伙，恐怕小時候父母就被他氣到想打死他了！只怕能否長大成人、成為士師都有變數。讓參孫這樣的人生長在敬虔的信徒家庭，也許苦了參孫的父母，但只能說上帝真的恩待、愛護參孫。

而參孫的衝動控制差，也反映在其禱詞當中，在文獻中，只記載過他兩次禱告，但兩次都很有個性！第一次是他僅因口渴，便忿忿地向上帝禱告說：「你既藉僕人的手施行這麼大的拯救，豈可任我渴死、落在未受割禮的人手中呢？」您瞧，只是口渴而已，便膽敢這樣在上帝面前自抬身價的叫板！但上帝竟也聽了他的禱告，讓他有泉水可以喝，上帝真的很體諒他心性上的軟弱。

第二次禱告的時空背景則很悲涼，是他被人剃了頭髮、全身失去神力，還被剜去了雙眼，成為敵國非利士人的奴隸。在一次非利士人的重要慶典中，他這個淪為階下囚的俘虜被帶出場供人羞辱，他便禱告說：「主耶和華啊，求你眷念我。神啊，求你賜我這一次的力量，使我在非利士人身上報那剜我雙眼的仇。」參孫這次的禱告依舊充滿著怒氣，但上帝仍聽他的禱告，最後，他在敵人的慶典中推倒殿宇的樑柱，文獻記載，他這一役所殺的敵人，比他之前所殺的總和還多！我們不難想像，在場許多非利士國的重要人士因而喪命，國勢必然受影響，這也讓以色列民族能暫時能鬆口氣。

其實，從參孫的人生和他的禱告，我們可以有些省思：

1 平時禱告的重要性：我們找不太到參孫有平時禱告習慣的文獻，而他唯二有文獻記載的禱告，都可說是在危急中的祈禱，雖然上帝都聆聽了，但這個平時不太禱告的人，他的人生整體來說卻實在不怎麼美好！過程太爆走，結局太悲壯！許多人在危急中，都希望靠禱告來化解危機，享有幸福的人生，但「到了危急時才願意禱告」，似乎很難讓我們整個人生變得美好。我們不妨來看看但以理，當他在職場上被同僚霸凌，甚至有性命之憂時，文獻記載他面臨生死交關時的禱告，是「一日三次雙膝跪在他上帝面前，禱告感謝，與素常一樣」，甚麼是「與素常一樣」？說明了他不是只有危急時才真心禱告，他平時就是個會敬虔禱告的人，這不但讓他度過了倏地而至的危機，整體而言，但以理的人生也比參孫要美好得許多。禱告，能夠為一個人帶來平靜，我甚至覺得，在那個沒有藥物、沒有職能治療的年代，如果參孫能跟但以理一樣，是個平常就有禱告習慣的人，平時就能常藉由禱告來反思自己的行為，也許他衝動控制的狀況可以因而被大幅調整！親愛的朋友，您是每每到了危急時刻才懂得禱告嗎？逢難才虔心禱告，當然可能仍蒙垂聽，但您想要的是參孫的人生，還是但以理的人生？值得您我深思警惕。

2 有被上帝大大使用過的人，不代表處處是榜樣：在關於參孫的歷史文獻中，有好多次記載「耶和華的靈大大感動他」，他的力氣驚人、戰功彪炳，不知令多少當時的人民仰慕，這個人的征戰能力之強，簡直就是一隻活生生的綠巨人浩克！在那個以色列民族飽受鄰國非利士人霸凌的年代，參孫的橫空出世，不知可被多少族人視為偶像、英雄；然而，他在信仰生活上也是個好榜樣嗎？恐怕不是，他的易怒、他的婚姻交友、他的衝動報復，實在都讓人不敢恭維。

這似乎也提醒著我們，如果我們今天在某方面常被上帝使用，成為該方面事奉的翹楚，不代表我們信仰生活的其他方面就沒問題。很多時候，在某方面事奉的傑出表現，會帶來光環，進而令人盲目、迷失、自高自大，易讓人無視自己下了「服事舞台」後的種種生活缺點；同樣的道理，當我們看到某個人在某方面的事奉亮眼至極時，也別對他有太多不切實際的想像！我們都是凡人，如果信仰沒有生活化，就算有再高貴的恩賜或名氣，也可能會有很糟的私生活。

參孫的禱告，向來不被認為是什麼典範，但他的人生給了我們很好的提醒。他的人生充滿了「痛」、充滿了懊悔，擇偶不淑的痛、被人出賣的痛，成天面露青筋、釀下大禍的痛，但他並非是個上帝不愛的人，如果他能善用禱告的力量來使自己平靜、來反思自己的言行，也許不見得就能成為談吐文質彬彬的公子，但他的衝動控制肯定能更好。

我們雖無法用醫學的角度，去檢視參孫當年的衝動控制差究竟該歸因於「疾病」亦或「性格」，但他的人生仍值得您我省思。也許我們沒有所謂的腦部血清素不足的問題，但在現今這個資訊爆炸的時代，卻有很多的突發事件可能會挑起我們的情緒，君不見在社會新聞中，常有平日舉止正常的人忽因感情問題或人際摩擦，而衝動釀禍的事件嗎？願我們都能善用禱告來經營我們的人生，使我們的人生不至於充滿失控與懊悔。

信仰生活聊一療

1 碰到甚麼事情最容易讓您暴衝？您認為未來可以怎麼因應？

2 參孫跟但以理的禱告與人生，給了您怎樣的反思？

定位不明的痛

10

10 兩種事奉路線：你是「展昭」還是「蝙蝠俠」？

有時，人生若定位不明，是會為人們帶來迷茫和痛苦的。

我們必須很感謝上帝，為我們在各教會均預備了許多優秀的基督徒。

如果今天有一個優秀的年輕人，表明自己想要更多地事奉上帝，那麼有些長輩們可能會給予一個制式化的建議——去唸神學院，出來當牧師吧！這的確是一條很美的路，卻不是唯一的路。如果一個表明想為主做大事的青年，卻拒絕去念神學院、當全職傳道人，恐怕還會被一些愛主但激進的長輩貼上「逃避聖靈的呼召」的標籤。容我直說，這樣狹隘的服事觀，常讓我看了捏一把冷汗。

曾有許多想事奉主的優秀人士問我：「我該去唸神學院、當牧師嗎？」我都會丟回一個問題讓其思考：「你要弄清楚自己要當『展昭』，還是要當『蝙蝠俠』？」

這是什麼意思呢？「展昭」與「蝙蝠俠」都是優秀而有能力的大俠！前者乃中國章回小說《七俠五義》裡的主人翁，江湖稱號「南俠」，後來被封為御前四品帶刀侍衛，並跟在包公身邊當捕快，造福開封府；後者則是西方漫畫改編的電影人物，他跟前者一樣行俠仗義，且極具本領，造福高登市。為何我會向有志事奉主的優秀人士拋出「你要弄清楚自己要當『展昭』，還是『蝙蝠俠』？」這個問題，是因為「展昭」與「蝙蝠俠」

分別代表了基督徒可以參考的兩種事奉路線，這個比喻其實有以下三點寓意：

1 你適合「帶職事奉」還是「全職事奉」？許多人一聽到優秀的年輕人有志更多事奉主，就覺得他應該要去念神學院、當全職神職人員，這是過於狹窄的觀念。我這樣比方：**勸某些優秀人士去念神學院，出來當神職人員，等於勸「蝙蝠俠」乾脆去念警校、出來當個「員警」**。試想，蝙蝠俠如果放棄了自己原本「蝙蝠俠」的工作去念警校，高登市警局也許會多一名好員警，高登市卻因此失去了一位大英雄。勸蝙蝠俠乾脆去讀警校？這顯然是個很糟糕的建議！蝙蝠俠沒有去當警察，但他因此為高登市所作的治安貢獻，卻遠遠優於高登市百分之九十九的警察，這是一種優秀基督徒人士可以參考的事奉路線。台灣社會上有許多優秀的基督徒並沒有去當牧師，但他們在社會上所活出的生命與榜樣，所帶出的見證效果，卻遠遠優於百分之九十九的牧師。

當然，不是每個人都適合走「蝙蝠俠事奉路線」，有的人比較適合走「展昭事奉路線」。話說展昭這位大俠，他跟蝙蝠俠一樣有著好身手與高智慧，所不同的是，展昭選擇進入了開封府的警務系統，放棄原本「南俠」的生活，穿上官服，成為體制內的全職捕快，而他也因此對社會有更多的貢獻。這條路也很值得優秀基督徒們參考，有的人就適合這種「全職路線」，適合成為體制內的全職神職人員。

蝙蝠俠與展昭，都是成功打擊犯罪的大俠，不同的是：蝙蝠俠保有其原本白領經理人的工作，展昭卻放棄了南俠的工作，成為開封府的全職人員。如果您想事奉主，必須先搞清楚上帝要您當「展昭」，還是當「蝙蝠俠」？要您「全職」還是「帶職」？釐清上帝要您走的事奉路線，您的事奉才會有力！

2 「蝙蝠俠」懂得讓工作與事奉相得益彰：蝙蝠俠白天的另一個身分是擔任家族企業的總裁，這是一份受人尊敬的白領階級工作，這份專職的高階企管工作，不但沒有阻礙了他行俠仗義的夢想，反而讓他有更多的資源、資金與管道，可以買蝙蝠車、製作蝙蝠裝、採購武器並更新配備。如果沒有那份白領階級的工作來支持他，就不會造就出一個能上天下海的「蝙蝠俠」來！蝙蝠俠的工作與事奉，不但沒有互相衝突，反而是相輔相成、相得益彰。許多有心事奉主的基督徒社會賢達也是一樣，不但沒有必要放棄他的專業、工作，這些專業、工作反而會讓他的事奉做得更好。

3「展昭」與「蝙蝠俠」都很注重「合一」！展昭也好，蝙蝠俠也好，這兩人遠比一般的捕快、員警更有能力與智慧，但他們都是非常注重「合一」的大俠。展昭在正式進入官場後，沒有因為自己的武功遠比包公身邊的王朝、馬漢好，就瞧不起他們，反而與他們成為好哥兒們，並肩作戰；蝙蝠俠的能力也比一般體制內的警察要強上許多，但他也沒有鄙視那些體制內的全職員警，沒有故意與他們互別苗頭，反而是只要員警們一有需要，探照燈往天上一照，他馬上第一時間趕到現場幫忙。一個「優秀的基督徒」也應如此，能力與智慧雖然強過大部分的牧者，但未來無論是進入正式神職人員體系，或是帶職事奉，都必須注重「合一」的功課，不因為自己某方面的能力、聲望高人一等而瞧不起人。

「展昭」與「蝙蝠俠」都是優秀而有能力的大俠，也可用來比喻為優秀基督徒的兩種事奉路線。如果您要展昭去做蝙蝠俠的事，他會做得很痛苦；如果您要蝙蝠俠像展昭那樣辭掉工作去當個全職警員，他也會當得很痛苦。上帝給您我的「呼召」，是去做「展昭」，還是去做「蝙蝠俠」？值得每個有心更多事奉上帝的人們在禱告中切切尋求。

信仰生活聊一療

1 您覺得您的「呼召」路線是展昭還是蝙蝠俠？

2 如果有位敬虔的信徒，在生涯規劃上很迷惘，您覺得可以怎樣幫助他？

11

聖俗二分法的痛

11 要虔誠，但不要迷信！

有個故事，說到有位學生忽然對教會事工大發熱心，成天泡在教會裡，甚至把所有教會以外的事都視為「屬世」的，包括他的本分——念書在內。考試到了，他只願花很少的時間念書，但奮力禱告，希望上帝幫助他。考試的結果出來慘不忍睹，他便開始怪罪上帝，為什麼他這麼愛主、這麼有信心、這麼努力禱告，上帝卻不賜福給他？

他越想越氣，卻沒有想到，是他自己辜負了上帝所託付給他「學生」的這個職分，自然也就沒有改變自己的行為，是以他的狀況越來越糟；久而久之，竟偏激地把課堂上教授對學生們的要求視為是「魔鬼的攻擊」，認為正因為自己是基督徒才碰到這種事，魔鬼藉由教授們來佔用他的時間。

當然，他的狀況一直沒有好轉，更沒有人因為他的表現，而對他的信仰產生正面印象，他也越活越不喜樂。

上述只是個例子，卻可能發生在各行各業的基督徒身上，或許，在許多外人的眼中，會覺得這樣的人很「虔誠」，但很遺憾，就事實而言，這種基督徒恐怕不是虔誠，而是「迷信」！平心而論，「虔誠」與「迷信」的界限有時很模糊，如何判斷呢？一個陷入迷信的基督徒，常會有三種作為，是真正虔誠者不會去做的：

1 稚拙地切割自己的生活、時間：某些陷入迷信的基督徒，會把週間的工作視為「屬世」，認為只有週末的教會生活才是「屬靈」的，這種不成熟的二分法，往往是許多基督徒在週間罹患「職場憂鬱」的一大病因。

事實上，除非是從事不正當行業，否則在上帝眼中從來就沒有「屬世的工作」，只有「屬世的工作心態」。《聖經》上說：「無論做甚麼，都要從心裡做，像是給主做的，不是給人做的。」（歌羅西書三章23節）「這些事你們既做在我這弟兄中一個最小的身上，就是做在我（耶穌）身上了。」（馬太福音廿五章40節）如果我們能用「像是給主做的」以及「做在最小弟兄身上」的敬虔心態去面對自己週間的工作、去看待職場上所接觸到的人們，就會覺得每件事都有意義，週間的心自然也就能虔敬、榮幸了起來。

2 把成功的責任全推給上帝：有些陷入迷信的基督徒，會認為只要自己夠努力禱告、夠願意在宗教儀式上付出，上帝就會賜給他外在的頭銜、名氣、學識、財富；然而，一個虔誠的基督徒，卻是懂得與神同工的人，知道自己亦必須盡力，因為《聖經》上說，上帝賜福給勤奮的人。

更重要的是，一個虔誠的基督徒往往不會「限定上帝賜福他的方式」，真正成熟的信徒必然瞭解：上帝要賜福給人，不見得會將某些現實的「外在成就」作為賞賜。

3 把不順利的責任全卸給魔鬼：許多陷入迷信的基督徒，會把失敗的責任全推卸給魔鬼，他們認為生活中所有的不順心，都是魔鬼害的！更有甚者，會把跟自己持不同意見的人全視為「魔鬼的攻擊」，由於這種說法鏗鏘有力，往往能「嚇」得某些資淺的基督徒們對其激昂的言論「寧可信其有」。

魔鬼固然有可能阻撓信徒的理想，但事實上，有時人的失敗是上帝所安排的，甚至可能是化了妝的祝福，是祂刻意要讓我們在失敗中看到自己的盲點與缺失，進而有機會成為更好的人；甚至當別人跟您我持不同意見時，也不無可能是上帝有意藉由某些人給予我們提醒，是上帝安排來勸告我們的天使。這類例子在《聖經》中不勝枚舉。

上述三點值得您我省思。基督徒，要虔誠，但不要迷信！請原諒我出自善意地這樣說：許多人誤把迷信當作虔誠，以致個人的信仰生活走偏了方向；亦有些群眾誤將迷信的人視作虔誠的人，甚至將之奉為教會裡的中堅分子、教導大家怎樣過得勝的生活，漸漸的，整個群體也就越來越偏離真道，越活越迷惘。

要虔誠，但不要迷信！願我們能分清楚箇中的些微差異，作一個虔誠的信徒。

信仰生活聊一療

1 過去曾有歷史名人嘲諷說「宗教是人民的鴉片」，您覺得基督徒可以怎樣回應、反思、反駁這句話？

讀書壓力的痛

12

12 雅比斯讀書法

華人社會常有一種痛，叫作「讀書的痛」，孩子痛、家長也痛；書讀不好很痛、有時書讀得好還是痛。

曾經聽聞兩個案例。第一個案例是講到美國有一位名校的大學畢業生，從小，他的父母就要求他的成績要比別人優秀，在父母的催督之下，他也確實總是保持名列前茅，如父母期待的一路讀到了名校。而就在畢業典禮的那天，他跳樓自殺了！留下了一封令人心如刀割的遺書給父母：「我已經如您們所願的，拿到您們期望我拿到的學位了，這樣您們滿意了嗎？您們滿意了嗎？我要走了。」試想，他父母面對這樣的情況，看到這樣的遺書，心會有多痛！如果能重來，也許他父母會調整對他的態度。第二個案例發生在台灣，曾有名校高中生，因著受不了課業壓力，而選擇自殺。隔日，成了社會新聞的頭條。

上述兩個例子，都是肇因於「名次」思維，父母太在意孩子所就讀學校的排名，好學生太在意自己的成績排名，而釀成了悲劇。名次，是個多麼讓人嚮往的東西！的確，而且它絕對不是個壞東西，是以許多父母、學生，會為孩子或是自己的「名次」禱告。我相信許多人曾用《雅比斯的禱告》這本書裡所提及的禱詞來為子女或自己的功課禱告，裡面有句非常激勵人的話：「甚願祢賜福與我，擴張我的境界。」問題來了！「禱告，一定會讓一個學生的功課變好嗎？」許多人會篤定地說：「會！」然而，這就好比我問您：「禱告，一定能讓一個商人賺更多錢嗎？」答案是「不一定」。禱告不一定能讓一個商人賺更多錢，但多禱告一定可以讓他的品格變得更好，一定能讓他看到比金錢更寶貴的東西。禱告對基督徒學生的作用也類似如此！

「擴張我的境界」是指看到名次以外的東西：若把《聖經》上所應許的「甚願你賜福與我，擴張我的境界」應用在學生的功課上，禱告不一定會讓一個學生的功課名列前茅，但絕對會讓他拓展屬靈的視野，讓學生或家長們看到比名次更重要的東西，這才是《雅比斯的禱告》中「擴張我的境界」的真諦。

幾年前《商業周刊》曾有一篇分析報導，名為〈第十名狀元〉！他們分析許多社會上有成就的人，並不一定是當年在學校排名第一名的學生，反而是一些中上、中等的平凡學生。這樣的學生，成績雖不是最好，但不汲汲於名次，所以心胸比較開闊，看事情也比較不鑽牛角尖；這樣的學生，成績雖非頂尖，卻更有時間花在學習課外的技能、智識，思想反而更加靈活。這樣的學生，畢業後反而比許多當年在班上成績第一名的學生更有成就！求主「擴張我們的境界」，擴張我們心靈的視野，讓我們看到比名次更重要的東西，這才是該有的讀書態度，才是有福的讀書態度。

「擴張我的境界」是指從「為榮耀自己而讀書」轉而「為榮耀上帝而讀書」：我國中時，有一段時間成績不太好，或者該說，是真的很不好，沒有一科是好的，是以我總覺得「讀書」是一件很痛苦的事。我常跟上帝禱告：「主啊！求祢幫助我，讓我成績可以進步，讓我功課可以變好。」結果呢？禱告只是偶爾如願，不變的是痛苦依舊。

更糟糕的是，當我為成績祈求的時候，我常覺得自己好像在對空氣說話，我常覺得上帝好像是不存在的！說來很諷刺，我爸爸是位牧師，一個牧師的兒子在為自己的「功課」禱告時，竟常常覺得像在對空氣講話！

慢慢大了以後，我禱告的方式有了「大膽的改變」。過去的我，為功課禱告時總是會說：

「主啊！求祢幫助我成績能再進步十名。」

「主啊！這次考試求祢幫助我。」

「主啊！求祢讓我考上某某學校。」

後來，我開始思想《聖經》上一句我從小就熟知、卻很少活出來的話：「你們要先求他的國和他的義，這些東西都要加給你們了。」（馬太福音六章33節）漸漸地，我在為課業禱告時，開始嘗試改變祈求的方向，我學會說：

「主啊！我希望成績更好，但求祢幫助我學習：成績更好是為了榮耀祢的名。」

「主啊！我希望考上研究所。我不知道我研究所最後會不會考上，但求祢使用我，未來兩年無論在哪裡，我的存在都能榮耀祢的名。」

當我這樣禱告時，功課就變好了嗎？上帝就一定讓我考上所祈求的學校了嗎？答案還是：「不一定。」

《雅比斯的禱告》中：「甚願你賜福與我，擴張我的境界」（歷代志上四章10節）這裡的「擴張我的境界」，不是去命令上帝要照我們所求的擴張我們事業或學業的版圖，我相信是要祈求主擴張我們禱告的「格局」，讓我們在為功課、讀書禱告時，能「先求神的國和神的義」，為「榮耀上帝的名」而求，而不是為了「私慾」而求。這是我學了好幾年，才慢慢學會的功課。而當我們的心態從「為榮耀自己而讀書」進階到「為榮耀上帝而讀書」時，也會覺得讀起來更加神聖而輕鬆。

我國中時功課常常吊車尾，考公立高中也沒有考上，成績真的很糟，沒有人看好我未來在課業上的表現。然而，「禱告」讓我一個曾經在國中時吊車尾的學生，後來竟有福分可以一路唸到博士；一個國中時被許多師長認為在學業上無法有好表現的人，現在的工作竟是大學教授。這樣的

「福氣」與逆轉，跌破許多人的眼鏡，也常讓我父母回想起來既感恩又驚喜。這些本不是施以諾的實力所能及，完完全全是上帝的恩典。

讀書，是許多學生和家長痛苦的來源，願我們在禱告中求主「擴張我們的境界」，讓我們看到名次以外的東西，把心態從「為榮耀自己而讀書」調整成「為榮耀上帝而讀書」，將可大大降低讀書的痛苦指數。

信仰生活聊一療

1 您覺得當一個人懂得「為榮耀上帝而讀書」時，最大的收穫會是什麼？

2 您身邊有沒有曾經因為成績不好而痛苦萬分的學子、父母，後來卻因著禱告而有美好人生的見證？

患難與艱苦的痛

13

13 如果麥克阿瑟在天堂遇見雅比斯

我常想，如果二戰時期的美國名將道格拉斯．麥克阿瑟，在天國遇見了《聖經．歷代志上》文獻中所記載的雅比斯，應該可以聊得很開心，因為他倆有三個共同點：首先，兩人都是虔誠的信徒；再者，兩人都各有一段經典短篇禱詞傳世，麥克阿瑟有〈麥帥為子祈禱文〉，雅比斯的禱詞則被魏肯生牧師寫成《雅比斯的禱告》一書，據說在美的銷售量一度不輸《哈利波特》；第三，兩人後來都有很大的名氣，麥克阿瑟不用說了，是二戰名將，其名言「我還會回來」豪氣十足、留名青史，雅比斯不惶多讓，他的名字早就記錄在〈歷代志上〉幾千年了，但他在二十世紀之前名氣甚微，是後來魏肯生牧師的書讓他成了家喻戶曉的聖經人物。

然而，這兩位都有經典短篇禱詞傳世的名人，禱詞中卻有意境很不同的字句。麥克阿瑟在〈麥帥為子祈禱文〉中曾這樣為兒子祈禱：「不要引導他走上安逸舒適的道路，而要讓他遭受困難與挑戰的磨鍊和策勵。讓他藉此學習在風暴之中挺立起來，讓他藉此學習對失敗的人加以同情。」而雅比斯禱告中的名句之一則是「保佑我不遭患難，不受艱苦」。兩人的禱詞在面對苦難的態度上，似乎顯示出大相逕庭的差異？

比較麥克阿瑟跟雅比斯的禱詞背景

想像一下，如果麥克阿瑟在天國踩著雲做的地板，忽然看到雅比斯先生迎面而來，麥克阿瑟會否叼著菸斗對雅比斯說：「嘿，老兄，我覺得你的禱詞太膚淺、太成功神學了！只求『不遭患難，不受艱苦』的人難成大器啊！像我就希望我兒子別太安逸，該受點苦才能成器！」以上的畫面不太可能發生，因為我相信，麥克阿瑟不至於敢對雅比斯那段被記載在《聖經》中的禱詞嗆聲。

但基本上這兩篇經典短禱對於苦難的體會，未必有字面上如此天差地遠的區別，首先，這兩篇禱詞的創作時空背景很不一樣，麥克阿瑟生於一八八〇年，他的獨子出生於一九三八年，而〈麥帥為子祈禱文〉則是寫於一九三七年，是麥克阿瑟年近六旬、老來得子前的祈禱文，當時的麥克阿瑟已功成名就、飽經世故，其子雖尚未出世，但以麥克阿瑟的成就與社會地位，理應可以給予一定程度的庇蔭；而雅比斯的背景呢？歷史文獻中沒有明確記載，但曾有聖經學者認為，雅比斯的禱告可能是在某個重大挑戰前、甚至是上戰場前的禱告，雖不可考，卻是很有趣的參考。麥克阿瑟說「不要引導他走上安逸舒適的道路，而要讓他遭受困難與挑戰的磨鍊和策勵」，是針對他那未來應該衣食無缺的孩子所作的祈禱；而若雅比斯的「保佑我不遭患難，不受艱苦」是在重大挑戰前的祈禱，兩者的創作時空背景完全不一樣，很難僅以字面評論高低。許多人曾批評雅比斯的禱詞帶有膚淺的成功神學色彩，但試想：您會在自己的兒子要出征前，祈禱自己的兒子在刀劍相向的戰場上多遭受點困難和挑戰嗎？應該不會！但這樣的禱告若用在一個即將含著金湯匙出生的孩子身上，卻很適切。

是以若綜觀麥帥為子祈禱文與雅比斯的禱告，我相信我們可以從這兩篇經典禱詞中學習到的，是要祈求主給我們適度的挑戰、適度的焦慮、適時的壓力。

神啊，請賜給我適度的焦慮！

很多基督徒把負面情緒視為洪水猛獸，甚至認為所有的焦慮、憂鬱等，全都來自於魔鬼，認為基督徒只能正面。記得一次受邀去某團體演講，團體內有位虔誠的信徒，在帶領大家祈禱時，說：「神啊，求祢挪去我們所有的焦慮和憂愁，使我們心裡永遠不再有焦慮和憂愁。」其實我常聽到這類的祈禱，我雖相信這樣的祈禱是善意的，但身為精神科職能治療專家、基督徒，我卻常喜歡分享：人的任何情緒，都是上帝為我們所創造的心智機制，一個「永遠不再會焦慮和憂愁」的人，也許表面上看起來快樂，但並不正常。

君能否想像，當您督促一個不用功、考試總倒車尾的青少年時，他若回答您：「何必焦慮呢？考試成績是世俗的！我何必在意這一切世俗的東西呢？」答畢，繼續開心地玩電動。這恐怕不是太健康的現象。事實上，一個不再有焦慮和憂愁的人，也將不再有上進心和進步空間。

是以我會建議把「神啊，求祢挪去我們所有的焦慮和憂愁」改成「神啊，求祢賜給我們適度的焦慮和憂愁」；讓生活中有「適度的焦慮」、「適度的憂愁」，但不被這樣的情緒捆綁，人生才能活出更多的精彩與驚喜。

在歷史上，當猶太人的先知以利亞看到當時國王或臣民做錯事時，會感到焦慮；當一個企業家看到自己的團隊出現挑戰或隱憂時，也會感到焦慮。這些焦慮感並沒有轄制、擊潰他們，反而使他們成為更優秀的人、更能實踐自己人生的使命，進而活得更踏實而豐盛。

「神啊，求祢賜給我們適度的焦慮。」適度的焦慮，會讓您成為更好的人，進而活出真正的喜樂與心安。

可能是我的某些書書名太正向了，包括《施以諾的樂活處方》、《喜樂，是一帖良藥》等，導致不少人曾問我「是不是都不會焦慮？」「是不是心情都很好才寫得出這些書？」其實才不是！我這些書中的文章，常是在職場上受了委屈、或是被誤解了，或是與人有衝突了之後，回到上帝面前，靠著信仰的力量重新調適自己的情緒與作風，才寫出了《施以諾的樂活處方》、《喜樂，是一帖良藥》書中的某些文章！如果沒有挑戰與挫折，應該也就寫不出這些文章。「神啊，請賜給我適度的焦慮！」願這樣的禱詞成為我們的祈求與學習。

信仰生活聊一療

1 您有沒有「因焦慮而成就美事」的經歷？

2 當您過度焦慮時，除了禱告以外，您會選擇找誰談談心事？

鑄下大錯的痛

14

14 我們與神的社交距離

曾經，一個大學生拿著一則神職人員犯下性騷大錯的新聞來問我，她不解，為何神職人員也會犯這種錯，她更不解，為何竟有該神職人員所屬機構的要員，發公開信極力息事寧人，以免影響到該機構的奉獻財務收入等要務。身為基督徒大學教師，我真被這位大學生問到啞口無言、尷尬不已，不知該怎麼對面眼前這個滿腔怒火與不解的年輕人。

其實基督徒真的都不壞，品格通常不差於一般人，但也都不是聖人。這也是為何基督徒常說要「倚靠神」的原因，因為我們都不完美，若不倚靠上帝，基督徒的品格也不見得多高尚，也都很可能做出羞辱主名的事，這樣的例子在歷史上早已不是鮮事。

而值得所有基督徒嚴肅思考的是，我們也許每週上教堂、甚至可以參與很神聖的宗教儀式，但在平日，我們與神的「社交距離」，卻是比旁觀者甚至我們自己想像中的都遠！我們不妨省思以下的狀況：

要作假帳時，最好與神保持社交距離？以免作到一半良心受譴責；

要性騷擾別人時，最好與神保持社交距離？以免中途被聖靈勸阻、掃了興致；

要想方設法呼籲民眾捐款時，最好與神保持社交距離？以免上帝提醒我們，要先處理好自己的基本品格後再去向人們募捐。

我們與神的社交距離有多遠？別人或許看不出來，但我們內心有時自己知道，**而且往往並非定值，而是浮動的：傷痛時，我們選擇親近主；穩妥、想投機時，我們選擇遠離主**。無怪乎在歷史上，耶穌曾形容某些人說：「這百姓用嘴唇尊敬我，心卻遠離我……所以拜我也是枉然。」這是何等嚴厲的一句話！講白話些，就是罵那些在職場、日常生活中，存心與祂保持社交距離的信徒們，信仰都白信了！

而刻意讓自己在某些時刻與上帝保持距離的狀況，也可能發生在許多「好基督徒」身上。在歷史上大衛王是個好基督徒，論事業，他從牧童當到一國之君，這太勵志了！如果在今天的台灣，大衛王肯定會被許多教會列為「幸福主日」的熱門講員；論事奉，他是個多產作家，從文字事奉的角度而言，他是何等有才！至少讓我自嘆弗如。然而，他卻用這些權力與魅力去掠奪有夫之婦，還巧妙地用冠冕堂皇的理由把他情婦那忠君報國的先生給暗算了！在這偷雞摸狗的過程中，他顯然是跟神保持距離的，不然多掃興啊！後來，這一切醜聞被先知拿單當面狠狠地戳破，讓大衛羞愧、懊悔不已。這也使他寫下了〈詩篇〉第五十一篇，字句中提到：「神啊，求你為我造清潔的心，使我裡面重新有正直的靈。不要丟棄我，使我離開你的面；不要從我收回你的聖靈。……神啊，憂傷痛悔的心，你必不輕看。」

我常說，當年上帝真的善待大衛！試想，如果大衛的這事是發生在現代，或是當年以色列有《壹週刊》這類的媒體把他這段不堪之事給做成封面故事昭告天下，基本上大衛王就別想再連任、別想再做了，當然這些都沒有發生。雖然後來他人生因此而有所起伏，晚年卻還是有個善終，享有不錯的歷史定位，上帝真的愛護他。

可能有些人會驚訝：怎麼連大衛王都能做出這種骯髒又詭詐的事？我必須說，人與上帝的關係，有時就像「掃毒軟體」一樣，可以為我們掃除心中的許多邪思與歹念；但也真的就像「掃毒軟體」一樣，如果沒有定時靈修、親近神，每天從神那兒下載能更新己心的眼光，常常用幾個月、幾年前的舊病毒碼去掃毒，肯定掃不出最近剛中的新病毒，看不出自己有問題的黑暗面。在大衛王所寫的許多〈詩篇〉作品中，我們常可以看到大衛王在低潮、無助時親近上帝的禱詞，然而這正是他處於國力鼎盛、意氣風發的時候。

曾經聽一位牧師公開分享自己的經歷，有一次他應邀到另一個城市去演講「靈修的重要」這主題，會後，竟有一個女士來問他：「牧師，所以您自己也有每天靈修嗎？」這牧師有點不悅，反射性地回答：「當然有啊！」但那天晚上，那牧師回到下榻的飯店後，「牧師，所以您自己也有每天靈修嗎？」這句話卻久久迴盪在耳邊無法消去，他只好起來禱告，這才驚覺，自己已經好久沒有「靈修」了！好久沒有照著聖「靈」的意思來「修」正自己的心思、自己的看法，很多時候，他都在為別人靈修、替別人讀經，覺得「這節經文真好！簡直是在講某某人，某某人真應該讀到！」「主啊！求祢改變某人的不順服與僵化。」卻很少祈禱說：「主啊！求祢鑒察我的心，看看我裡面有需要調整的地方沒有？讓我更親近祢。」

可不是嗎？一不小心，**看似有每天靈修、禱告的我們，其實常是在為別人靈修、替別人讀經，都是在準備可以提醒別人的資料與題材，在禱告中幫別人認罪，卻沒有讓自己來到上帝面前。**

親愛的朋友，您我跟神的「社交距離」有多遠?別人從外表、從事奉頻率可能看不出來，卻值得我們在夜深人靜時自省。回到文章一開頭，我被大學生拿著新聞報導質問的那場面，當下我實在不知該怎麼回答那位女大生的疑惑與不滿。基督徒不可能是聖人，就連《聖經》中的許多偉人都曾犯下荒唐大錯，重點在能否回轉。而如果您是基督徒，希望我們都能一起省思「我們與神的社交距離」，不要讓信仰只流於儀式或口舌，讓上帝鑒察我們的心，學習成為表裡如一的人。

信仰生活聊一療

1 捫心自問，您在做哪些事情時，最希望「與神保持社交距離」？

患得患失的痛

15

15 我治得好掃羅王的「權力喪失恐懼症」嗎?

治療病人是我的天職,是以即便我大部分時間在醫學院專任教職,但仍舊保持臨床的精神科職能治療,一方面怕生疏了治療與評估的技術,二方面也擔心教給學生們的知識會流於理論、與臨床實務太脫節。

記得我曾應邀去台北某間具指標性的大型教會演講,聽眾知道我是精神科背景出身,演講後的提問互動中,一位民眾舉手發問:「您是精神科治療師,請問一下,怎麼樣才能治好我們總統的『權力喪失恐懼症』?」語畢,有的聽眾得意大笑,也有的不發一語。這真是個不好答的題目,因為我通常不太在教會場合公開談論政治，當時我的回答是：「我們無從得知總統內心的想法，但我想身為基督徒，最好的方式是為其禱告。」

其實許多現代人口中的「權力喪失恐懼症」並不是正式的病名，比較像是一種心態，為了不讓這本書橫生枝節，我們不談當今政治人物的話題，而談談聖經歷史中一位顯然具有「權力喪失恐懼症」的名人——掃羅王。說起掃羅王，在後世的評價並不高，但他本該享有一定的歷史定位，畢竟他是以色列的第一任國王，繼任的大衛王算來是他女婿，是以掃羅王跟大衛王朝也不能說毫無淵源，甚至大衛王在他死後也並未對他有太多負評，理論上，他該享有某些朝代「高祖」、「太祖」這樣的廟號地位，得到後世一定程度的推崇。是什麼讓他人生下半場荒腔走板？若以精神健康的角度來看，就是今天許多人所說的「權力喪失恐懼症」。

掃羅王當年因此症有哪些走鐘的表現?首先，當大衛戰勝歌利亞，隨著主帥掃羅王凱旋而歸時，婦女們唱著：「掃羅殺死千千，大衛殺死萬萬。」掃羅王心中甚是不悅，嘀咕著：「將萬萬歸大衛，千千歸我，只剩下王位沒有給他了。」從此怒視大衛；後來甚至情緒失控，在沒正當理由的情況下驟然把長槍一擲，想直接刺透大衛，但大衛躲開了。也許掃羅王意識到自己還是必須裝出一個君王的氣度，後來便立大衛為千夫長，還把女兒嫁給他，但心裡盤算著要設計大衛戰死，可是沒成功；甚至連掃羅王的兒子約拿單王子都跟大衛成了莫逆之交，且似無意跟大衛爭下一任王位，掃羅王竟氣到對約拿單直白地說：「大衛若在世間活著，你未來就沒望當國王了！咱們家的王位與資源就要落入別人家手中了。」晚年的掃羅王，精神狀況似也大有問題，也許造成他精神狀況不佳的原因很多，但客觀而論，他對大衛的忌憚與矛盾心理，絕對是造成掃羅王後期精神失常、性格暴走的一大因素。

從上述掃羅王的種種談話與文獻記載，足見「權力喪失恐懼症」對一個人的精神健康影響有多麼大，治得好嗎？或許很多人覺得當時應沒有任何精神科方面的療法，根本無從介入，但其實當年的掃羅正長年接受著一種如今也有的療程——「音樂治療」，而且起先的治療師還是大衛，是在大衛王尚未成名之前就開始這個療程了，也一如今天的許多醫療研究所述，音樂的介入確實對精神健康有助益！文獻記載，音療的介入，令掃羅王便覺舒暢爽快；可惜的是，音樂治療的介入對掃羅王所產生的療效，似乎只有治標，未能治本，讓他一時舒緩，但未能持續。

掃羅王的精神狀況究竟該怎麼治？我相信即便從現代精神醫學的角度，也不是一個好處理的案例，甚至也許不是現代的藥物治療、職能治療能夠全然處理的。如果要我為掃羅王開一帖「藥」，我會說這帖藥名叫「謙卑」。謙卑，是治療「權力喪失恐懼症」的一帖良藥。

這裡所謂的「謙卑」不是自卑，更不只是外顯的客氣、多禮。我們都見過很多客氣但不謙卑、多禮但內心高傲的人，我很喜歡中文「謙卑」中的「卑」字，是「小」的意思，謙卑的真諦應該是「縮小自己，放大上帝」。

其實從歷史的角度來看，掃羅在登基初期雖有政績，但當年的以色列國絕非由掃羅所創立，而是幾代士師們所累積下來的基礎。掃羅怎麼登上王位的？並非靠戰功或資歷，而是當時的神職人員領袖從眾人中抽籤選出的！如果掃羅王能夠懂得「縮小自己的功勞，放大上帝的帶領」，他也許就不會大言不慚地把以色列國視為「我家的」，就不會落入傲慢與自我中，就不會處心積慮地想把能幹的下屬外放或剔除，好確保自己的孩子能接班，建立父傳子的山頭，避免國家的利益與資源流出自家門外。

如果掃羅王能夠「縮小自己的利益，放大上帝的國度」，他在看到大衛時便會讚嘆：「感謝主！賜給我一名大能的勇士，讓我們一起為以色列國奮戰吧！」而不會想打壓大衛。如果掃羅王有如此品德，也許會某種程度地改寫歷史！畢竟上帝後來讓掃羅敗亡，實因他德不配位。

「縮小自己，放大上帝」是治療「權力喪失恐懼症」的良藥。如果您問我，假若掃羅王出現在我面前，身為精神科治療師，我能改善甚至治好他的「權力喪失恐懼症」嗎？我必須承認，這非常難！因為雖然我知道「藥方」，但這帖藥，必須要當事人願意以禱告來到上帝面前，才支領得到。

說到掃羅王、談到謙卑，讓我不禁想起新約聖經歷史上有另一個「掃羅」，但後來改名了，便是使徒「保羅」。很有意思，掃羅的原文是「求問」，而保羅的意思是「微小」，新約歷史上的使徒保羅原是知識分子，也算人如其名，但他在經歷耶穌後，把名字改為「微小」，似也說明了他心態的轉變，學富五車的他不再自恃，而成了謙卑的人，凡事縮小自己、放大上帝，所以我們也未曾見到新約的這位掃羅先生有過甚麼「權力喪失恐懼症」。這兩位同名的掃羅先生，後半生有著強烈對比，也給我們上了一課。願我們都能成為謙卑的人。

信仰生活聊一療

1 社會上有「權力喪失恐懼症」不稀奇，但怎樣讓這狀況不要發生在教會中？

2 當年婦女喊「掃羅殺死千千，大衛殺死萬萬」引爆了掃羅王的陰暗面，但這句話其實對大衛也是個考驗。想一想，如果您是大衛，今天聽到眾人稱讚您在某方面的恩賜高過該領域的前輩時，面對這樣的稱讚，您要如何做才能繼續保持謙卑？

16 政治紛擾的痛

16 從大衛王的「芒果乾」反思「選舉症候群」

您常為政局紛擾而憂心忡忡，甚至感到憤慨、心痛嗎？台灣的總統選舉，曾出現過「芒果乾」一詞，是「亡國感」的諧音，當然不一定是真的要亡國了，而是怕那些跟自己國家意識形態迥異的人取得政權。其實「芒果乾憂鬱」在古代就有了！比方說，在西方歷史上，被認為是一代賢君的大衛王，就曾在他一篇禱詞詩作中透露出強烈的「芒果乾」，而且他是真的瀕臨了亡國窘境。

當時的時空背景，是押沙龍舉兵叛變，打得他措手不及、落花流水。押沙龍何許人也？是他的親生兒子，也就是當時以色列國的王子，這個王子手段高明毒辣，曾殺了自己的哥哥、大衛王的長子；此外，按歷史文獻記載，押沙龍外形俊美，善於在城門口聽百姓訴苦、攏絡人心，若從今天的眼光來看，押沙龍王子毫無疑問是個城府極深的政壇帥哥、超人氣政治明星！

是以當時押沙龍叛變時，一度勢如破竹，大衛王一路敗逃，許多臣民連接濟大衛王都不敢！但這也難怪，這就像選舉一樣，「西瓜偎大邊」啊！當時許多人都倒向押沙龍那邊去了，使得曾經盛極一時的大衛王朝，眼看就要以敗亡收場。

大衛王的經典禱詞詩篇

依文獻記載，愛寫詩的大衛王當時曾有篇「芒果乾」（亡國感）極強的詩兼禱詞：

耶和華啊，我的敵人何其加增；有許多人起來攻擊我。
有許多人議論我說：他得不著神的幫助。
但你——耶和華是我四圍的盾牌，是我的榮耀，又是叫我擡起頭來的。
我用我的聲音求告耶和華，他就從他的聖山上應允我。
我躺下睡覺，我醒著，耶和華都保佑我。
雖有成萬的百姓來周圍攻擊我，我也不怕。
耶和華啊，求你起來！我的神啊，求你救我！因為你打了我一切仇敵的腮骨，敲碎了惡人的牙齒。
救恩屬乎耶和華；願你賜福給你的百姓。

當然，在歷史上，大衛王後來奇蹟似地反敗為勝，這大概跌破當時許多人的眼鏡了。（啊！抱歉，當時的人沒眼鏡！）大衛王為何能贏？也許政治家有政治家的解讀、軍事家有軍事家的角度，而若按《聖經》的記載，他能重振他的大衛王朝，絕對跟他的禱告有關！

親愛的朋友，這是個負能量爆表的世代，您在職場上，會不會有時也有「有許多人議論我說：他得不著神的幫助」的挫折感？會不會也有「我的敵人何其加增；有許多人起來攻擊我」的無助感？千萬不要忘了大衛王禱詞中的那句「我躺下睡覺，我醒著，耶和華都保佑我」的信心宣告。無論未來政權怎麼變，上帝都願意賜福給您；無論誰當選，您的人生都還是有希望。

在現今的民主國家中，我們不太有機會體會到戰爭帶來的亡國感，但很多選民可能體會到政黨輪替時，自己所支持的政黨被換下台那種失落與難堪。在心理健康層面，許多選民在選舉前面臨自己所支持政黨選情不佳時，那種煎熬的心境其實也酷似所謂的「亡國感」，這就不得不提到「選舉症候群」（election syndrome）這個詞彙，這並不是個正式的「病名」，但選舉活動確實不無可能會對人的身心健康帶來負面影響，特別是過度熱衷的選民。許多醫者曾指出，選舉活動可能造成部分選民焦慮、壓力、失眠，甚至因立場不同而造成人際關係或婚姻的失和，過去更有甚者，曾出現衝動、暴力等行為。

如何面對「選舉症候群」所造成的心理不適？

若以心理職能治療的角度來看，「選舉症候群」是「角色失衡」的一種現象。在心理職能治療的學理上，當一個人的角色扮演失衡時，就會影響心理健康；舉例來說，一個人總有好多個角色要扮演，同時要扮演爸爸、丈夫、員工、選民的角色，「選舉症候群」無疑是忽略了其他的角色，過度投入「選民」這個角色，使得一個人其他角色的互動關係上出現不適切的失衡表現。

當然，如果是候選人、候選人家屬、助選員出現諸如上述的「選舉症候群」我們較能理解，但其實有不少的一般選民也因著選舉新聞或動態而出現焦慮、憂鬱、失眠、易怒，甚至關係失和等現象。如果您只是一般的小老百姓但有這樣的困擾，歡迎參考從心理職能治療角度所提出的「平、常、心、看、待」這五個身心健康照護觀點。

1 平：睡前先平靜自己的情緒，盡量別在睡前半個小時看選舉相關新聞或節目，以免帶著高亢的情緒入睡，讓自己睡前所接收到的訊息是平靜、正向的。

2 常：常保聽音樂或運動的習慣，許多醫學研究指出，聽自己喜歡的音樂或運動能增加腦內啡（endorphin），這對舒緩情緒情緒甚有幫助。許多職能治療的研究，也都提及活動對人身心產生的療癒力。

3 心：用同理心看待跟自己政治立場不同的親友、同事，每個人有不同的過去，故而造成彼此的理念差異；並提醒自己，除了「選民」這個角色之外還有許多身分，別過度投入這個角色，也別過度用這個角色去看身邊的人。

4看：現代人看選舉資訊的管道甚多，如果您已有因選舉而產生的焦慮、壓力、失眠，甚至是易怒等現象，恐怕這些資訊已成為您的「焦慮源」。暫時關掉電視，少看政論節目與相關新聞，懂得暫時抽離、少看，節制自己接收相關訊息的時間。善用時間分配的原則，反正無論選舉結果如何，隔天的太陽一樣會升起。

5待：用正確的態度對待有精神科病史的親友。如果您的親友有思覺失調、憂鬱症等病史，並在選舉時節出現比常人更激憤的情緒或論述，當然可以鼓勵其尋求醫療協助；但切記，在回應他們時，不要把他們的政治言論跟其精神疾病作過度的因果連結，這只會更傷其自尊，甚至更激怒他們，對其有害而無益。

面對國家的政治紛擾，記得多禱告，並記得「平、常、心、看、待」這五個建議，守護自己的身心健康，也珍惜自己跟身邊人們的關係。

信仰生活聊一療

1 您曾否花時間為自己討厭的政黨或政治人物禱告？

2 您覺得「在教會裡談論政治」的界線為何？

格格不入的痛

17

17 我們離榮神益人，只差「一根筋」的距離

在職場上，當基督徒勤於展現禱告行為時，會讓人對其有好印象還是壞印象？容我分享兩個我所親身見聞的故事。

有位先生是基督徒，他常在同事低潮時傾聽、陪伴，也許他的能力無法解決同事們正面對的人生難題，但他總是誠懇地為他們禱告。事後，他不少同事非常感念他，也連帶對他的信仰產生很大的好感。那位先生也是我很欽佩的一位專業人士。

而同樣是在非基督徒面前的禱告行為，我也曾經在某咖啡廳親眼見過

一個畫面：有兩位基督徒消費者，坐在咖啡廳裡用手機打開 YouTube，一起觀看神職人員講道的影片，音量還不小，而且每放一段，就按下暫停鍵，兩人放聲禱告，之後再播放並觀看影片、再暫停並放聲禱告；咖啡廳裡不少人受到她們音量的影響，紛紛報以側目，最後，連服務生都來提醒，希望她們降低音量，但其中一個人竟不悅地回答服務生：「請別打擾我們，我們正在禱告。」當天在現場，我可以明顯感覺到咖啡廳內其他消費者對她們倆的不滿氛圍，而我也相信，這連帶影響了不少在座者對她們信仰的印象。

我們是少根筋的基督徒嗎？

在上述我所親身經歷的例子中，兩者都是樂於承認自己信仰的好基督徒，都勇於在別人面前禱告，都勇於表明自己的信仰立場，然而，前者的禱告行為讓大家對他的信仰產生好感，後者的禱告行為卻恰恰適得其反！但您說後者那兩位不夠虔誠嗎？或許更貼切的說法，或許是後者在咖啡廳裡的禱告行為與人際處理的拿捏上，少了根筋，反而讓人對其信仰產生了壞印象。

在團體治療中有種療效因子叫「人際學習」（interpersonal learning-input），這也是我過去在臨床上常注重的療效因子，其意簡而言之是幫助人去「瞭解別人眼中的自己」，這正是許多現代人所缺乏的反思。有時我們真的會疏忽，不知道自己的某些說話或社交方式很容易激怒別人，不瞭解別人眼中的自己之人也許不是壞人，但往往人際關係不佳。這點也頗值得基督徒們反思，基督徒都很希望自己的生命能「榮神益人」，能夠讓人因其言行而對信仰產生好感、敬意，然而我們也必須自省，信仰言行的展現需同理旁人的感受。很多時候，我們與「榮神益人」的目標之間，就是差了那麼「一根筋的距離」，以至於反而讓身邊的人對我們的信仰有了負面的觀感。

健全的禱告生活，會使人自信而非自戀

在精神健康上，一個有健全禱告生活的基督徒，無論是在職場上、教會裡，必然可以展現出自信、但非自戀。我知道有少數基督徒對於「自信」這兩個字很敏感，覺得「人怎麼可以有自信呢？人只能對上帝有信心，不能對自己有信心」，我們在此不玩這種宗教文字遊戲，我們理性地從精神健康的角度來看「自信vs自戀」的不同。

很多人覺得自信與自戀很難區分，但如果我各用一個類似的近義詞來詮釋，談談「自在vs自我」，也許大家就比較能分辨了。一個自信的基督徒，往往能從容自在地面對這個世界的攻訐，比方說這世上很多人會因學歷、收入、能力、社會地位瞧不起人，而如果一個自信的基督徒洽遭逢這樣的睥睨，他仍可以「自在」以對，為什麼？因為他知道自己的價值不是建立在那些短暫而世俗的條件上，他知道上帝愛他，他知道自己是個有獨特價值的人，所以他不在乎那些幼稚而世俗的眼光。真正的自信，帶來自在，是以當年使徒保羅可以自在地表示：「我知道怎樣處卑賤，也知道怎樣處豐富……隨事隨在，我都得了祕訣。」而自戀跟自信不同！自戀的另一個面向是「自我」，覺得「我」不能被否定、「我」不能不被看重、「我」不能被質疑，覺得「我」是應該被尊崇的，甚至覺得只有「我」的看法才能代表上帝的。是以一個自戀的人，對別人的批評或是不同的意見很難自在以對。當有人在職場上不欣賞他時，或是在教會裡提出與之不同的意見時，他會立時敏感而易怒。自戀的人在職場上或教會裡，甚至無法容忍有人比自己更受肯定與推崇，當年的該隱見不得亞伯的獻祭比自己獲好評、掃羅王見不得大衛的戰功受肯定，其實在精神健康上都屬自戀的表現。自信與自戀，大大不同！我們能否自我省察，看看我們抬頭挺胸的背後，究竟是自信還是自戀？

大衛王曾在他的詩篇禱詞中曾說：「求你鑒察我，知道我的心思，試煉我，知道我的意念。」親愛的朋友，讓我們自省，很多時候，我們會不會自認為做著屬靈的事，但與「榮神益人」就是差了那麼一根筋的距離？當我們的信仰資歷越來越深時，我們究竟是變得更加自信還是自戀？值得您我深思省察。

信仰生活聊一療

1 您身邊的非基督徒朋友，對您最常有的評價是什麼？

2 基督信仰生活與儀式，給了您更多自信還是自戀？

18

階級歧視的痛

18 誰是耶穌眼中的低端人口？

禱告，總讓人聯想到一種高尚、神聖的畫面，然而，在歷史上卻有「愛禱告」的人被耶穌給了很負面的評價！耶穌曾講過一個比喻，是特別向那些仗著自己是義人而藐視別人的人們所說的，祂講到：「有兩個人上殿裡去禱告：一個是法利賽人，一個是稅吏。法利賽人站著，自言自語地禱告說：『神啊，我感謝你，我不像別人勒索、不義、姦淫，也不像這個稅吏。我一個禮拜禁食兩次，凡我所得的都捐上十分之一。』那稅吏遠遠地站著，連舉目望天也不敢，只搥著胸說：『神啊，開恩可憐我這個罪人！』」耶穌在講完上述的故事後，直指那個民族地位低下的稅吏，遠比那自以為高尚的法利賽人優質，並下了一個經典的結論，說：「凡自高的，必降為卑；自卑的，必升為高。」

在這個社會上，難免有階級的存在，許多有良好社會地位／頭銜的人，一不小心就瞧不起別人，自認高人一等。容我這麼提醒，地位／頭銜可不只是一般社會上才有！我們也有可能因為追逐不到社會上的地位或頭銜、無法有像樣的成就，轉而汲汲營營地去佈局、追求「教堂裡的高位／頭銜」，若追到了，也可能會開始變得自命神聖、自視甚高，這樣的人雖有教堂裡看似神聖的職稱，忙於看似脫俗的工作，內在卻不一定成熟、屬靈。在上段經文中，耶穌在故事裡所提到的那位「法利賽人」便是雖有會堂裡的高等頭銜，內在卻不見得高尚的人。

被耶穌看「低」的禱告

耶穌在剛剛的比喻中，給了那個愛禱告的法利賽人很低的評價，很顯然的，耶穌並不喜歡那種「驕傲、自以為義的禱告」。近年來曾有個新詞彙，是個很難聽的詞彙——「低端人口」，指的是或因學經歷不足、或因背景不夠，所造成在社會上競爭力不佳的弱勢族群。稱其低端，自有鄙視、不屑的意味在其中。

而若您有些良知，應會覺得這個新形容詞聽起來令人莫名的扎心。慈愛的耶穌也會有鄙視、不屑的人嗎？有！除了剛剛那種驕傲、自以為義的禱告之外，祂也不喜歡虛偽、表裡不一的禱告，祂曾評論當時某些高級宗教分子：「你們這假冒為善的文士和法利賽人有禍了！因為你們侵吞寡婦的家產，假意做很長的禱告，所以要受更重的刑罰。……你們這假冒為善的文士和法利賽人有禍了！因為你們將薄荷、茴香、芹菜，獻上十分之一，那律法上更重的事，就是公義、憐憫、信實，反倒不行了。……你們這假冒為善的文士和法利賽人有禍了！因為你們好像粉飾的墳墓，外面好看，裡面卻裝滿了死人的骨頭和一切的污穢。你們也是如此，在人前，外面顯出公義來，裡面卻裝滿了假善和不法的事。」祂不屑有些人看似在會堂裡奉公守法，平日卻欺壓窮人；也鄙視有些人「故意禱告給別人看」，還禱告得很長，讓人覺得他很屬靈，以鞏固自己在會堂裡的地位。祂甚至以「墳墓」來形容這種人雖愛禱告，卻只是外表好看，裡面是死的。這樣的比喻出口之重，在目前所存有的文獻記載中，很少見耶穌對人有上述如此「低」的評價。

階級落差在歷史上一直存在，但恐怕在耶穌當年眼中的「低端人口」，並不是那些社會競爭力不強、所謂的「魯蛇」，而是那些徒重物質、投機度日的高階分子，即便他們可能在社會上或會堂裡享有一定的頭銜。

當然，我相信耶穌所鄙視、不屑的並不是他們的「人」，而是他們那樣的行為與自高。

當今社會大部分的人有一定的口德，不會直接用「低端人口」形容身邊某些地位不如己的人，雖嘴巴上沒直接講，我們卻可能一不小心就看不起、甚至壓榨自己身邊某些平凡人；而當我們生出那樣的態度、嘴臉時，哪怕我們再有競爭力，或再有社會上、教堂裡的某些地位，恐怕都已成了耶穌眼中的低端人口，因為祂看的不是一個人在社會上或教堂裡的頭銜或地位，而是他的內心。

還有哪些禱告行為可能被耶穌看「低」？

除了上述的「自義型禱告」、「表裡不一的禱告」、「故意做給人看的禱告」之外，在二十一世紀，教會裡還有哪些「禱告相關行為」是可能被耶穌給負評的？我列出以下兩種，來與大家共勉、自省：

1 用禱告儀式所包裝的「罵」人技巧：有位長輩和一位青年對事工意見不合，但在溝通過程中，青年的論述清晰、越發得理，長輩一時拉不下臉來、見笑轉生氣，而畢竟薑是老的辣，那位理虧詞窮的長輩頓時使出了一妙招，說：「別討論了，讓我們來禱告吧。」接著便在接下來的「禱告」中指責：「主啊！求祢挪去我們這位年輕人的不順服與錯誤，別讓他被魔鬼利用……。」讓那位年輕人被「罵」得無法反駁，若單就公開吵架技巧而言，這長輩此舉真的是高招！這些屬血氣的指控與人身攻擊，盡被巧妙地包裝在「禱告儀式」之中，當事人不敢反駁、旁觀者也不好打斷，使原本理虧、居於下風的長輩，這下子可以很順暢地罵完他所要罵的話。而這種用禱告儀式包裝過的罵人技巧，也許高明，但並不正派，甚至有些低劣；這種所謂的「禱告」不但不「屬靈」，反而成了一種「宗教霸凌」了。

2 藉由分享或收集代禱事項，來八卦或窺探別人的私事：二十一世紀跟耶穌當年所處的時代很不同的一點，是現代的通訊軟體發達，要彼此禱告或傳遞代禱事項，不見得要面對面了。而容我這麼提醒，禱告應該是神聖的事，有人可以彼此分享代禱事項更是美事，但有時一不小心，我們會藉由分享或收集代禱事項之便，來散播或打聽別人的私事。這樣的行為被包裝在看似神聖的人際互動裡，但一樣不正派，且一旦當事人意識到您我有這樣的行徑，不但會對您我個人失望透頂，甚至可能讓當事人在信仰上跌倒！我們若這麼做，是何等大的罪，值得自省。

每個人的生命，有一天都會結束，當我們站在審判台前時，上帝不會在乎我們在職場上或教會裡的任何頭銜，但我們在世所隱藏的心思意念，都會被赤裸裸地檢驗。願我們站在審判台前的那一天，我們平日的禱告相關行為，不會被耶穌評價為低劣的禱告；我們真實的內在，不會被耶穌給評為是很「低」的那種人。

誰才是耶穌眼中的低端人口？值得您我深思自省。

信仰生活聊一療

1 您覺得可以跟任何人分享您所有的代禱事項嗎?還是只跟信得過的人分享?

逞強好勝的痛

19

19 別把「剛強壯膽」活成「逞強壯膽」

有個關於禱告的故事，描述到某天大洪水來了，一位信徒被困在他家的屋頂上，他便開始放聲祈禱，希望上帝救他。這時救生艇經過他附近，上頭的救難人員對他喊著：「你快跟我們一起走吧！」那位信徒回答：「謝謝，不用了，我的上帝會救我。」

洪水越淹越高，那位教徒禱告得更迫切、更激動了，這時，一架救難直升機經過，放下了繩梯，信徒望了望那直升機，又說：「不用了，我相信上帝會用祂的方式救我，不是倚靠人所提供的世俗方式。」

不久後，那位信徒不幸被洪水沖走，喪生了。他到天堂後，覺得有些氣急、丟臉，一見著上帝，第一句話便問：「大洪水來時，我這麼虔誠地祈禱，祢怎麼不救我呢？」上帝回答那位教徒說：「有啊！我不是先派了救生艇去救你，後來又派了直升機去救你了嗎？哪知你怎麼都不理我呢？」

這個故事非常有趣，卻也讓人對故事中那位信徒的結局感到有些不忍。在這年代，我們可能不會像故事中的信徒那樣面臨洪水的威脅，但很多時候，我們卻可能面臨失業的洪流、生涯規畫迷惘的洪流、經濟不景氣的洪流。身處在這些「洪流」中，我們想像著上帝會出手救我們，讓我們過一個抬起頭來的人生，但一不小心，卻易使得自己滿口宗教詞語，甚或原地不動、否定一切人的幫助與建言，最後，可能落得跟那故事中的信徒一樣。想一想，這會讓您身邊的人看了多不忍心！

故事中的信徒，或許不能說他不夠虔誠，但更貼切的形容詞恐怕是自命不凡、逞強以對，其實人生大可不必這樣。上帝固然絕對有能力忽然射下一道光，把您我從各種洪流中提升上來，但上帝也可以選擇感動人們用救生艇、直升機去救您，這是上帝的選擇權！不要為了展現自己的不凡，而在人前逞強，也不要限制上帝只能用您所指定的方式來幫助您。很多時候，上帝幫助我們的方法可能會跟我們所想像的不太一樣。

根據《基督教論壇報》的報導，聖經上有句話「你當剛強壯膽！不要懼怕，也不要驚惶。」是二〇一七年最多人愛分享的經文，這是一句讀起來非常振奮人心的句子，但要小心，千萬別把「剛強壯膽」活成「逞強壯膽」，您分得清楚剛強和逞強的不同嗎？

從精神健康角度看「剛強」和「逞強」的差異

其實「剛強」在《聖經》裡出現過不只一次，摩西對約書亞講過，保羅也在書信中向提摩太叮囑過，而有共同的前提，這麼做不是為了要證明自己甚麼，而是要去實踐造物主所託付的人生使命。能剛強的人，往往也是知道此生價值與目標的人；而在精神健康上，一個人生目標明確、價值感清晰的人，確實在遇到挫折或攻訐時，比較能大器以對。

而「逞強」呢？逞強的人第一眼看起來有時會令人佩服，然而，曾經有心理學家指出，逞強的背後往往不是自信，而是自卑。越自卑的人，越急於在眾人面前展現自己的不凡；越自卑的基督徒，越需要張揚自己有多屬靈，越需要公開表現自己離上帝的旨意有多近。但這樣的逞強，卻無法讓人活得更怡然、更有尊嚴，反而看在眾人眼裡是越看越滑稽；這也讓當事人落入越來越沒自信、越來越激進而逞強的惡性循環與痛苦中。

克服自卑感的禱告

說到自卑感，其實大部分的人難免或多或少有些自卑感，自卑而逞強的人，該怎麼藉由禱告來改善呢？自卑往往來自於自我價值感低落，是以身為精神健康專家，我特別推薦〈詩篇〉第一三九篇的禱詞：「我未成形的體質，你的眼早已看見了；你所定的日子，我尚未度一日（或譯：我被造的肢體尚未有其一），你都寫在你的冊上了。神啊，你的意念向我何等寶貴！其數何等眾多！」〈詩篇〉第八篇也提到人的尊貴與受造價值，說：「我觀看你指頭所造的天，並你所陳設的月亮星宿，便說：人算甚麼，你竟顧念他！世人算甚麼，你竟眷顧他！你叫他比天使微小一點，並賜他榮耀尊貴為冠冕。你派他管理你手所造的，使萬物，就是一切的牛羊、田野的獸、空中的鳥、海裡的魚，凡經行海道的，都服在他的腳下。」

上述這段禱詞告訴我們：在上帝眼中，我們是何等尊貴、何其有價值，在我們還是胚胎、還沒成人形的時候，造物主就已經愛我們了！無論世俗眼光怎麼看待我們，在造物主的眼中我們都是珍寶，是祂造冊編列的高檔品，祂看我們每個人的存在都是極其有價值的。是以我們不需要靠著在人前證明我們甚麼，來突顯我們的價值。

卸下不必要的偽裝與逞強，我們不需要硬是去證明什麼。別把「剛強壯膽」活成「逞強壯膽」，不要為了想展現自己的不凡，而看低別人的建言，也不要硬撐著就是不接受別人的奧援或觀點，才能真正經歷豐盛的人生。

信仰生活聊一療

1 您有沒有在禱告過後，上帝透過別人的手來幫助您的經驗？

凶殺案的痛

20

20 我們與該隱的距離

有部連續劇的台詞很虐心，形容殺人犯父母的心聲：「沒有爸媽願意花二十年去養出一個殺人犯！」這句台詞很催淚，恐怕也是舊約聖經歷史上亞當、夏娃這對夫婦心中長久的痛，因為他們的兒子該隱是「人類歷史上第一宗凶殺案的犯案者」，而且殺的對象不是別人，正是亞當、夏娃的另一個兒子亞伯。這個家庭因此所生的「痛」，我相信很不容易弭平。

亞當、夏娃教子無方嗎？其實不見得！那這起凶殺案怎麼發生的？這段歷史的背景是如此記載：當年該隱跟亞伯一起向上帝獻祭，但亞伯的心誠顯然超過該隱，是以上帝看不中該隱和他的供物。該隱就大大地發怒，變了臉色。後來，該隱與亞伯有天正在田間說話，該隱驟然起來爆打他兄弟亞伯、把他殺了。其實在該隱因獻祭不蒙悅納而發怒的第一時間，上帝曾提點他：「你為甚麼發怒呢？你為甚麼變了臉色呢？你若行得好，豈不蒙悅納？你若行得不好，罪就伏在門前。它必戀慕你，你卻要制伏它。」但該隱並沒有捫心自省，反而在不久後殺了他的弟弟。凶殺案事發之後，仁慈的上帝還是想給該隱一個主動認錯的機會，祂故意問該隱：「你兄弟亞伯在哪裡？」該隱卻強硬地裝傻說：「我不知道！我豈是看守我兄弟的嗎？」當然，這一切上帝都知道。

現代的戲劇中，再提到「該隱」時，往往是負面的代名詞，甚至會找外型猥瑣的演員來飾演他，但他的客觀形象真的這麼糟嗎？顯然不是。該隱有幾個特質，而這樣的形象在今天的華人教會界裡，令人熟悉不過了：

1 **該隱的名字有很好的屬靈意涵：**「該隱」這個名字的原意是「得著了」。換而言之，亞當、夏娃覺得得到這孩子是恩典！許多華人基督徒的名字裡有「得」或是「恩」之類的字，該隱的名字若意譯成中文，也許跟這類的名字雷同。

2 **該隱有很好的發揮空間：**以當時的人口數，該隱絕對沒有「年輕人得不到舞台」的這種問題，整個世界都可以是他的舞台！從今天的角度來看，他是個前途被看好的青年。

3 **該隱的爸爸媽媽都是所謂的好基督徒：**亞當與夏娃若從今天的角度來看，都是「曾深深經歷過上帝的第一代信徒」，並不是甚麼荒誕的父母，甚至他們還把獻祭的傳統傳承給該隱與亞伯這兩個孩子，是個模範家庭。

4 該隱有「穩定的服事」：文獻中沒有說這是該隱和亞伯的首次獻祭，這很可能是他們家的傳統，他們家也許常常這樣做。而若真是這樣，那麼以今天的角度來看，該隱可能就像是個在教會裡有「穩定服事」的好青年；如果該隱生在今天，他也許是個時常在台上領唱、帶營隊的教會服事固定班底，會是許多神職人員、叔叔嬸嬸眼中的好孩子。

以上這四點，是當時該隱的「形象」。試想，如果有這樣一個青年站在您眼前：他名字被取得甚有屬靈意涵，前途也看似大有可為，爸爸媽媽都是真實經歷過上帝的好基督徒，而且，還是教會裡的固定服事班底。親愛的朋友，您能想像這樣的一位青年，竟犯下如此滔天大錯嗎？沒有爸媽會願意花二十年去養出一個殺人犯，我相信亞當、夏娃也不想，很多當今基督徒父母也不想！但總是有基督徒做出令人髮指、甚至上了社會新聞版面的事，到底如何避免自己成為這樣的人？如何防止這樣的「痛」發生？有幾個方向我們可以好好為自己或下一代禱告：

1 別讓「想贏的心」遠遠超過「愛心」：很多後人在看該隱的生平文獻時，會評論說這是一個冷酷無情的人，其實不然！該隱絕非沒有愛心的人，他如果不愛上帝，根本不會花時間獻祭；他如果不愛自己的弟兄，兩人根本不會有互動或往來。然而，該隱「想贏的心」遠遠超過他的「愛心」，超過他愛神愛人的心，以致他看到自己「輸」的時候，立刻情緒失控，最後犯下大錯。親愛的朋友，很多基督徒不是不愛上帝，不然他根本不會上教堂、不會服事，但當他「想贏的心」大過他的「愛心」時，他的人格就會慢慢變質，也許某天就會忽然爆衝，犯下親痛仇快的大錯。想一想，我們在職場上、養兒育女上、服事上，有沒有太「想贏」的心？值得您我自省。

2 別錯過自省、學習的機會：在該隱的獻物不蒙悅納、惱羞成怒時，以及他後來殺了自己弟弟亞伯後逃離現場時，上帝都給了該隱悔改、學習的機會，但顯然該隱一再錯失了這些機會。親愛的朋友，甚麼樣的情況會使您停止學習、拒絕自省？會不會正好是您良好的資歷、經驗、名聲、頭銜等，讓您經不起別人的提醒，讓您不願再學習？值得深思。

該隱，是一個名字屬靈、前景不差、父母虔誠、有穩定服事的青年，這樣形象的青年，在今天的華人教會中，比比皆是！看來令人安心，但正是這樣的青年，做出了令人髮指的事。我們常覺得該隱很糟，但其實想想，我們與該隱的距離，遠比想像中的近，一不小心，我們都有機會成為該隱！為自己禱告，別讓自己「想贏的心」遠遠超過「愛心」，別錯過自省、學習的機會，避免這樣的痛，發生在您我的身上或家庭裡。

信仰生活聊一療

1 您有沒有在某方面很「想贏」，想贏到遠遠超過您應有的愛心？

2 您會不會很喜歡到處指出別人的錯，卻無法接受別人的意見，導致自己的生涯發展受到影響？

結語

21

21 禱告，不只是一種特權，更是一種人權

在歷史上，有許多有名的詩作，均是詩人們在痛苦中所完成的，其中也有不少是由禱詞所化成的文學作品。在〈詩篇〉中有作品寫到：「耶和華啊，求你救我脫離說謊的嘴唇和詭詐的舌頭！……我與那恨惡和睦的人許久同住。我願和睦，但我發言，他們就要爭戰。」

我不知道上述這段詩篇禱詞，是否讓許多現代人看了心有戚戚焉？詩人提到自己面臨了「說謊的嘴唇」和「詭詐的舌頭」，並形容自己身邊都是「恨惡和睦的人」，自己不想戰，但只要一開口，身邊的人就要鬥爭他。簡而言之，這氛圍跟現在的「職場霸凌」頗為雷同，而寫這首詩的詩人顯

然是受不了了，來到上天面前傾訴。

在歷史上，以色列領袖撒母耳的母親哈拿，也曾經因為長久不孕被人看輕，受不了壓力，進到會堂中向上帝大聲哭訴、祈禱，甚至歇斯底里到讓會堂裡的管理者誤以為這女人是喝醉酒了，可見她當時情緒多激動。

許多人提到「禱告」，都會聯想到一幅平靜、安詳的畫面，然而在歷史上、在實際生活中，許多人的禱告，都是處在極大的壓力與情緒中，那畫面可能不怎麼安詳，反而很灰色，但這才是真實的人生！不這樣不行！如果不是許多人們有信仰，可以靠著禱告來傾訴，他們的人生可能根本走不下去。

曾有人形容「禱告，是基督徒的一種特權」，我不否認這句話，然而，禱告之所以珍貴，是因為不需要透過宗教權貴、社會賢達才能來到上帝的面前，每個人自己就可以直接面對上帝。上帝愛每一個人，在乎每一個人的軟弱與情緒，因為祂明白，許多人不這樣根本走不下去。

身為精神科治療師，每每看到許多歷史名人傾訴情緒的著名禱詞，或是許多人在生活中所說出帶著淚水的禱告，我都不難想像人們在職場霸凌中、家庭衝突中的種種痛苦。若以精神健康的角度來看：禱告，不只是一種特權，更是一種人權！是上帝體恤人們心靈的軟弱所賜下的紓壓方式，沒有了禱告，許多人怕是要走上絕路。

親愛的朋友，如果您的人生正面臨著難處，覺得自己已經走不下去了，請記得您還可以「禱告」，因為這是您的「人權」。願主賜福大家平安健康、喜樂滿懷。

心靈勵志系列

信心，是一把梯子（平裝）／施以諾／定價 210 元
WIN TEN 穩得勝的 10 種態度／黃友玲著、林東生攝影／定價 230 元
「信心，是一把梯子」有聲書：輯 1 ／施以諾著、裴健智朗讀／定價 199 元
內在三圍（軟精裝）／施以諾／定價 220 元
屬靈雞湯：68 篇豐富靈性的精彩好文／王樵一／定價 220 元
信仰，是最好的金湯匙／施以諾／定價 220 元
詩歌，是一種抗憂鬱劑／施以諾／定價 210 元
一切從信心開始／黎詩彥／定價 240 元
打開天堂學校的密碼／張輝道／定價 230 元
品格，是一把鑰匙／施以諾／定價 250 元
喜樂，是一帖良藥／施以諾／定價 250 元
施以諾的樂活處方／施以諾／定價 280 元
度量，決定了你的力量／施以諾／定價 250 元

TOUCH 系列

靈感無限／黃友玲／定價 160 元
寫作驚豔／施以諾／定價 160 元
望梅小史／陳詠／定價 220 元
映像蘭嶼：謝震隆攝影作品集／謝震隆／定價 360 元
打開奇蹟的一扇窗（中英對照繪本）／楊偉珊／定價 350 元
在團契裡／謝宇棻／定價 300 元
將夕陽載在杯中給我／陳詠／定價 220 元
螢火蟲的反抗／余杰／定價 390 元
你為什麼不睡覺：「挪亞方舟」繪本／盧崇真（圖）、鄭欣挺（文）／定價 300 元
刀尖上的中國／余杰／定價 420 元
我也走你的路：台灣民主地圖第二卷／余杰／定價 420 元
起初，是黑夜／梁家瑜／定價 220 元
太陽長腳了嗎？給寶貝的第一本童詩繪本／黃友玲（文）、黃崑育（圖）／定價 320 元

拆下肋骨當火炬：台灣民主地圖第三卷／余杰／定價 450 元
時間小史／陳詠／定價 220 元
正義的追尋：台灣民主地圖第四卷／余杰／定價 420 元
宋朝最美的戀歌——晏小山和他的詞／余杰／定價 280 元
走著瞧／寇延丁／定價 300 元
不屈服的島：台灣民主地圖完結卷／余杰／定價 450 元
德意志的美與罪／余杰／定價 480 元

LOGOS 系列

耶穌門徒生平的省思／施達雄／定價 180 元
大信若盲／殷穎／定價 230 元
活出天國八福／施達雄／定價 160 元
邁向成熟／施達雄／定價 220 元
活出信仰／施達雄／定價 200 元
耶穌就是福音／盧雲／定價 280 元
基督教文明論／王志勇／定價 420 元
黑暗之後是光明／王志勇、余杰主編／定價 350 元
第一次查馬可福音就上手／梅爾、葛利斯／定價 280 元
只有這一生／黃厚基／定價 350 元
美國：以基督教立國／王志勇／定價 350 元

主流人物系列

以愛領導的實踐家（絕版）／王樵一／定價 200 元
李提摩太的雄心報紙膽／施以諾／定價 150 元
以愛領導的德蕾莎修女／王樵一／定價 250 元
以愛制暴的人權鬥士：馬丁路德金恩博士／王樵一／定價 250 元
廉能政治的實踐家：陳定南傳／黃增添／定價 320 元
馬偕傳：攏是為主基督／郭和烈／定價 450 元
青年馬偕：在台宣教的根柢／羅明耀／定價 480 元
美麗之島：北部教會宣教禧年回顧與前瞻／劉忠堅／定價 560 元

生命記錄系列

新造的人：從流淚谷到喜樂泉／藍復春口述，何曉東整理／定價 200 元
鹿溪的部落格：如鹿切慕溪水／鹿溪／定價 190 元

人是被光照的微塵：基督與生命系列訪談錄／余杰、阿信／定價 300 元
幸福到老／鹿溪／定價 250 元
從今時直到永遠／余杰、阿信／定價 300 元

經典系列

天路歷程（平裝）／約翰・班揚／定價 180 元

生活叢書

陪孩子一起成長（絕版）／翁麗玉／定價 200 元
好好愛她：已婚男士的性親密指南／ Penner 博士夫婦／定價 260 元
教子有方／ Sam and Geri Laing ／定價 300 元
情人知己：合神心意的愛情與婚姻／ Sam and Geri Laing ／定價 260 元

學院叢書

愛、希望、生命／鄒國英策劃／定價 250 元
論太陽花的向陽性／莊信德、謝木水等／定價 300 元
淡水文化地景重構與博物館的誕生／殷寶寧／定價 320 元
紅星與十字架：中國共產黨的基督徒友人／曾慶豹／定價 260 元
事奉有夠神：團隊服事的 23 堂課／ Michael J. Anthony、James Estep, Jr. 等著／定價 700 元
幻夢？大同世界的正義美夢／梁文韜／定價 360 元
經世與革命：激進的漢語神學思潮（1901-1950）／曾慶豹／定價 450 元
市場、正義與反全球主義／梁文韜／定價 450 元

中國研究叢書

統一就是奴役／劉曉波／定價 350 元
從六四到零八：劉曉波的人權路／劉曉波／定價 400 元
混世魔王毛澤東／劉曉波／定價 350 元
鐵窗後的自由／劉曉波／定價 350 元
卑賤的中國人／余杰／定價 400 元
納粹中國／余杰／定價 450 元
今生不做中國人／余杰／定價 480 元
香港獨立／余杰／定價 420 元
喪屍治國／余杰／定價 490 元
川普向右，習近平向左／余杰／定價 450 元

公民社會系列

蒂瑪小姐咖啡館／蒂瑪小姐咖啡館小編著／定價 250 元

青年入陣：十二位政治工作者群像錄／楊盛安等著／定價 280 元

全面滲透：中國正在遙控台灣／曾韋禎／定價 280 元

丁窈窕樹／林秀珍等著／定價 400 元

心靈勵志系列 16
《禱告，是一帖止痛藥》精神科治療師的信仰療癒筆記

作　　者｜施以諾
發 行 人｜鄭惠文
社　　長｜鄭超睿
編　　輯｜洪懿諄
版型及封面設計｜ ANZO Design Co.

出版發行｜主流出版有限公司
Lordway Publishing Co. Ltd.
出 版 部｜臺北市南京東路五段 123 巷 4 弄 24 號 2 樓
電　　話｜ (02) 2766-5440
傳　　真｜ (02) 2761-3113
電子信箱｜ lord.way@msa.hinet.net
劃撥帳號｜ 50027271
網　　址｜ https://lordway.com.tw

經　　銷
紅螞蟻圖書有限公司
臺北市內湖區舊宗路二段 121 巷 19 號
電　　話｜ (02) 2795-3656
傳　　真｜ (02) 2795-4100

華宣出版有限公司
新北市中和區連城路 236 號 3 樓
電　　話｜ (02) 8228-1318
傳　　真｜ (02) 2221-9445

2022 年 7 月｜初版 1 刷
書　號：L2203
ISBN：978-626-96350-0-9 (平裝)
Printed in Taiwan

國家圖書館出版品預行編目 (CIP) 資料

禱告，是一帖止痛藥：精神科治療師的信仰療癒筆記 / 施以諾著 . -- 初版 . -- 臺北市：主流出版有限公司 , 2022.07
面；　公分 . -- (心靈勵志系列 ; 16)

ISBN 978-626-96350-0-9 (平裝)

1. 基督教　2. 祈禱　3. 信仰治療

244.93　　111010866